明德格物
共圓21世紀教育夢
——一羣港大校友在辦學路上

重塑教育 共創明天
Reshaping Education For A Better Tomorrow

2000 - 2020

香港大學畢業同學會教育基金
Hong Kong University Graduates Association Education Foundation

香港大學畢業同學會教育基金　出版

香港大學畢業同學會教育基金

20 周年紀念書籍編輯小組

馮可強、戴健文、文灼非、喬偉鋒、梁鳳燕　編寫

趙熙妍　撰文

明德格物　共圓 21 世紀教育夢
—— 一羣港大校友在辦學路上

編　　寫	香港大學畢業同學會教育基金編輯小組
責任編輯	黃振威
裝幀設計	梁米嘉
出版製作	商務印書館 (香港) 有限公司
	香港筲箕灣耀興道 3 號東滙廣場 8 樓
	http://www.commercialpress.com.hk
發　　行	香港聯合書刊物流有限公司
	香港新界荃灣德士古道 220-248 號荃灣工業中心 16 樓
印　　刷：	美雅印刷製本有限公司
	九龍觀塘榮業街 6 號海濱工業大廈 4 樓 A 室
版　　次：	2021 年 12 月第 1 版第 1 次印刷
	© 2021 商務印書館 (香港) 有限公司
	ISBN 978 962 07 5896 6
	Printed in Hong Kong

贈言

香港大學畢業同學會的校友，堅信教育的力量，以非凡的勇氣與魄力，先後創辦港大同學會小學和港大同學會書院。在教育領域做出開拓性的探索與嘗試，身體力行實踐港大校訓——明德格物。

二十年的經驗與思考，二十年的奉獻與承擔，銘刻一段歷史，回應一個時代。

張翔教授

香港大學校長

明德格物，樂善勇敢！廿年前，我在教統會推動教育改革，香港大學畢業同學會教育基金坐言起行支持，興辦直資學校。

直資學校體現香港教育着重校本的優點，香港大學畢業同學會教育基金的學校，堅持全人教育的發展模式，為學生建立正面的價值觀和態度，學會學習，培養溝通能力，建構多元知識和素養，裝備學生迎接新時代，為社會作貢獻。教育基金通過二十年的努力，打造出兩所廣受家長、學生及社會歡迎的新名校，印證當年教改的初心是正確的。

本書是一羣港大校友辦學路上的美好記憶，也是教改發展一段重要的記錄，為回歸後的教育發展提供更立體的描述。對新時代的香港教育發展模式，將有很大的啟發性。

梁錦松

南豐集團董事長、新風天域集團董事長兼聯合創始人、前大學教育資助委員會主席、
前教育統籌委員會主席、前財政司司長

沒有甚麼比投身教育事業能更直接回饋社會。

由香港大學畢業同學會教育基金建立的港大同學會小學與港大同學會書院，為學生提供多元、愉快而富有挑戰的學習環境；二十年來，兩所學校培養了無數社會棟樑。

儘管教育的模式不斷改變，同學會教育基金的初心不變；為社會培養具廣闊視野和胸襟的人才；以堅毅、熱誠和創新思維，建設更好的未來。

徐立之教授

香港大學第十四任校長

懷着時代使命，探索未來前景。香港大學畢業同學會教育基金，永不言悔，永不言倦；為下一代付出努力，也為下一代樹立榜樣。

程介明教授
香港大學榮休教授

One wintry morning in 2016 at the University of New South Wales, I had a discussion about philosophical inquiry in schools with Kenneth Tse. It was about work that I had been carrying out for many years in schools in Australia and abroad. Kenneth was on a mission and I soon found myself recruited to set up a Philosophical Inquiry (PI) program at HKUGA College. That ended up involving several visits over the next few years to train staff and help guide the way forward.

The Foundation could not have been more welcoming and it was always a pleasure to work with the teachers and students. I well recall the introductory demonstration lesson that I gave at the College in front of a sizable group of onlookers. The students, although a little shy at first, quickly showed a lively interest, and it was clear that those who had come to observe were intent on finding out about this new approach to teaching and learning. That turned out to be my experience on every occasion that I worked with the staff and students of the College.

Philosophical inquiry in schools is a way of strengthening students' reasoning and conceptual abilities through inquiry-based collaborative learning. Whether as an adjunct to studies, or built into the delivery of subjects within the curriculum, it has been shown to yield some impressive results around the world. The inclusion of PI in the College is unique in Hong Kong, however, and the EF is to be congratulated for its forward-looking approach to education.

These are challenging times both socially and economically, making it more important than ever that school education develop young people's abilities to think cogently and creatively in working with their peers and for the betterment of the world in which they will live. The College's PI program is an effort in that direction and I wish it every success in the years to come.

Dr. Philip Cam
School of Humanities and Languages, University of New South Wales

目錄

贈言   i

序言   2

香港大學畢業同學會教育基金發展里程   4

| 第一章 |
關心社會、參與教育改革

1 貢獻香港未來

14

投身教育改革的洪流

我們有一個願望

我們可為香港教育做甚麼

坐言起行去辦學

以信念掛帥的籌款之路

2 編織教育夢

22

「四大基石」辦學理念

校訓：「明德惟志、格物惟勤」

校徽代表新一代

3 從零開始的創校過程

27

籌辦港大同學會小學

轉為直資學校的爭論

港大母校和校友的支持

創新的教育理念受家長歡迎

籌辦港大同學會書院

IBDP 與 DSE 的風波

興建小學新翼

| 第二章 |
攜手邁上教育路

 直資學校「一條龍」模式 46

直資學校的好處和挑戰

構建「一條龍」教學模式

「十二年一貫」的教育實驗

 多元教育　愉快學習 52

培養活潑、好學、思辨、創新的學生

三環架構的課程模式

開心而負責任地學習

培育具視野、富文化、有理想、敢承擔、追求卓越
的世界公民精英

跨學科學習

遊戲化學習

教育是很迷人的事業

 愛心和專業結合的教師團隊 62

着重教學熱誠

專業發展與「發燒友」

攜手追求進步

提升教學質素

我在這裏工作的理由

學校與家庭結合 75

家長主導的「小棟樑計劃」

溝通與協作

家教會是重要助力

家長教育活動

 多方面檢視辦學效能 85

重視對辦學成果的檢視

注重數據分析

成績與升學

畢業生選擇自己的道路

 辦學團體與學校的治理 92

教育基金的宗旨

眾志成城

良好的財務管理

辦學團體與學校的關係

| 第三章 |
新世紀的教育探索

明德唯志、生命教育與正向教育　98

明明德 —— 培養正確價值觀

小學多元化的生命教育

引進及建構正向教育

書院跨學科全校推行正向教育

充滿關愛的校園文化

豐富學習經歷的全人教育　118

推動藝術教育與體育

多元化的延伸學習活動

生活能力的培養

跨學科、跨領域的學習經歷

全校性境內境外考察活動

社區參與——學校與社會結合

格物惟勤與哲學探究教學法　137

通識科的思維訓練

何謂哲學探究教學法

到澳洲取經

哲學探究課堂是怎樣的

哲學探究課程的編排

思考方法的學習

對教師的巨大挑戰

調查研究肯定成效

格物、求真、求善

東西方文化結合　　149

提供語言的鑰匙

從閱讀中學習

培育學生的中西文化素養

感受不同地方的文化

學好中國語文、歷史和文化

走在電子教學前線　　163

小學早着先鞭

培養學生自主學習

學生喜歡網上學習平台

持續推動自主學習

書院及早掌握電子學習趨勢

改變老師的教學習慣

培養出色的數碼公民

STEM——創造不可能的可能　　174

創意、趣味與知識並重

STEM 的三層架構

對教師團隊的挑戰

研究路人亂過馬路問題

提升校內設備

培育學生的綜合能力

7 與自然共存的生命教育計劃　　　185

近距離接觸大自然

Adventure-based Life Education (ABLE)

8 生涯規劃　　　190

升學就業規劃

北極星師友計劃

學校主辦的大學博覽會

9 學校與社會結合　　　195

「學校 +」計劃 (School Plus)

與其他學校分享教育經驗

人生及事業教育計劃 (LEAP)

| 第四章 |
總結經驗　迎接挑戰

1　家長和港大母校的肯定　　204

2　家長和學生的感想　　206

3　回首過去、迎接挑戰　　216
創會部分成員感言
踏入整合發展時期

4　當前教育面對的挑戰　　220

5　不忘初心、奮發前進　　222
OECD「2030 年教育之學習架構」
明德惟志與正向教育
格物惟勤與哲學探究教學法
與自然共存的生命教育計劃

附錄
教育基金創會會員名錄　　230
兩校歷任主席、校監及校長名錄　　232
歷任教育基金管理委員會成員及
兩校辦學團體校董和獨立校董總名錄　　234

序言

20 年前 (2000 年)，一羣香港大學畢業同學會的資深會員，在香港特區政府推動的教育檢討和改革諮詢期間，成立了香港大學畢業同學會教育基金 (下稱「教育基金」)，先後創辦了兩間直資學校——港大同學會小學和港大同學會書院。

這羣校友在 1960 年代末到 1970 年代初於港大就讀時，已抱有「關心社會、胸懷祖國、放眼世界」的情懷，畢業後成立了香港大學畢業同學會，也是希望在為事業打拼的同時，可以利用專業知識為生於斯、長於斯的香港作出貢獻。到了 2000 年時，他們已事業有成，還是不忘初心，繼續追求回饋社會的集體理想。

一個新成立的辦學團體，毫無辦校往績，還豪言要參照當時的世界教育改革新思潮，並為了適應時代轉變下的社會需求，創辦一個令家長歡迎、學生喜愛的「十二年一貫」的基礎教育新模式，憑的是一股赤子之心和勇往直前的精神，也代表了戰後在香港土生土長的一代人所萌芽的本土情懷。這羣校友在中西文化交匯的國際城市環境下成長，有幸受教於以「明德格物」(Sapientia et Virtus) 為校訓的香港大學，見證及參與了香港經濟繁榮發展的軌跡及中國改革開放的過程，並在事業發展上從中受惠，再繼而迎來了「一國兩制、港人治港」的新時代。就在九七回歸之後兩、三年，這羣人由於親身經歷了大時代的變化，對養育子女有切身體會的感受，因而認識到教育必須改革的重要性，繼而坐言起行，試圖描繪教育新藍圖，共同編織教育夢。

20 年來的辦學道路並不平坦，但教育基金和兩間學校的教學團隊抱着辦好優質教育的熱誠和意志，在跌跌撞撞中摸索前進；兩間學校經過不懈的努力，已發展成為廣受家長歡迎、學生喜愛、社會肯定的有聲譽的學校，而認同教育基金和兩校的辦學理念和成績，並義務參與支持的校友及各方朋友也不斷增加。

教育基金仝人深知兩校還有不足之處，須要繼續致力改善，但藉此成立 20 周年紀念的機會，我們覺得有需要與社會人士分享辦學經驗，接受教育同業和各界人士的批評與建言，並進而探索在現今世界情況大變之下，香港教育進一步發展的方向。與此同時，我們也希望為香港歷史留下一段記錄：一羣以香港為家的人，曾經及如何為「一國兩制、港人治港」下的香港前途作出努力！

是為序。

香港大學畢業同學會教育基金仝人　謹識

2021 年盛夏

香港大學畢業同學會教育基金
發展里程

2000

香港大學畢業同學會教育基金成立

2002

港大同學會小學首年開學

2001

興建港大同學會小學

港大同學會小學啟幕禮暨首場簡介會在
香港大學陸佑堂舉行

2003

港大同學會小學創校典禮

4

2005

港大同學會小學家教會為籌建港大同學會書院
舉辦步行籌款活動「踏青行」

興建港大同學會書院

2006

港大同學會小學第一屆畢業典禮，時任教育統籌局
常任秘書長羅范椒芬任主禮嘉賓

港大同學會書院建成，教育基金代表接收校舍

2007

港大同學會書院創校慶典，時任教育統籌局
常任秘書長黃鴻超任主禮嘉賓

教育基金時間囊埋放儀式

2009

「為未來而學習系列」第一次研討會

「教育樞紐」第一次圓桌會議

香港大學畢業同學會教育基金對特首施政報告有關
教育產業部分的回應與建議

2010

香港大學畢業同學會教育基金十周年慶祝晚宴，
時任港大校務委員會主席梁智鴻任主禮嘉賓

十周年紀念特刊《描繪香港教育藍圖》

2011

為慶祝香港大學畢業同學會教育基金成立十周年之際，
特舉辦「策略日工作坊 2011 ──回顧與前瞻」

教育基金首屆「人生及事業教育計劃」

2013

港大同學會小學十周年紀念

2012

港大同學會書院第一屆畢業典禮，
時任港大校長徐立之任主禮嘉賓

2014

教育基金每年舉辦退修會，集思廣益，回應新機遇與挑戰

兩位港大同學會小學教師獲頒「2014/15 行政長官卓越教學獎」嘉許狀（德育及公民教育範疇）

五位港大同學會書院英文科教師在 2014/15 行政長官卓越教學獎中獲頒嘉許狀（英語教育學習領域）

2015

教育基金首次舉行「人生及事業教育論壇」

港大同學會書院香港文憑試成績相當優異，其中 11 人考獲最佳 5 科 28 分或以上成績，而兩名學生更考取七科 5** 的優秀成績

兩位港大同學會小學教師在 2015/16 行政長官卓越教學獎中獲頒授行政長官卓越教學獎（數學教育學習領域）

2016

港大同學會書院十周年誌慶晚會

教育基金舉辦家長講座系列

2017

港大同學會小學 15 周年誌慶晚會

港大同學會書院中四級一名學生獲選由青苗基金主辦、傑出青年協會協辦的「香港傑出學生選舉」本屆傑出學生，是書院學生首名學生獲得該獎項

港大同學會書院開始採用哲學探究教學法

2018

教育基金正式註冊成為 Federation of Asia-Pacific Philosophy in Schools Associations (FAPSA) 的附屬會員

港大同學會小學擴建新翼，學校聯同家長教師會舉辦步行籌款，1700 位家長、學生和嘉賓參與其事

新翼工程簽約儀式及動土禮

港大同學會書院一名應屆畢業生在由民政事務局和青年事務委員會合辦的「優秀青年嘉許計劃2017-18」中，獲選為「十大優秀青年」，並獲得「青年領袖獎」

港大同學會書院四個 STEM 團隊入選「第 21 屆香港青少年科技創新大賽」決賽，更獲得數理及工程（高中組）一等獎、艾默生電機及電子工程專項獎等多個獎項

2019

澳洲 Geelong Institute of Positive Education 團應教育基金邀請，為書院和小學進行「正向教聯校教師專業培訓。兩校開始全校推行正向教育

兩位港大同學會小學老師在「國際傑出電子教獎」2019 STEM 教學及計算思維教學獲頒銀獎

港大同學會書院 STEM 研究隊在「2019 全國青科技創新大賽（全國賽）」榮獲二等獎及專項三獎的卓越成績

港大同學會小學在「Master Code 編程大賽 2019AI 未來校園」榮獲小學組冠軍

港大同學會小學新翼工程平頂禮

重塑教育 共創明天
Reshaping Education For A Better Tomorrow

2020

香港大學畢業同學會教育基金 20 周年標誌

在疫情期間，教育基金退修會首次在網上舉行

港大同學會小學新翼開幕典禮

教育基金為兩校辦學團體校董及基金管理委員會成員舉辦教育論壇，重溫辦學理念

2021

港大同學會小學首度舉辦正向教育研討會 (Let's PosED: Learning, Embedding and Teaching Symposium)，並邀請友校參與，疫情下喜獲 52 間學校的 153 位教師出席和交流經驗

港大同學會書院在「亞洲金融科技師學會 (IFTA) 極客『女程』青年大賽 2021」榮獲冠軍

第一章

關心社會、
參與教育改革

1 貢獻香港未來

★ 投身教育改革的洪流

★ 我們有一個願望

★ 我們可為香港教育做甚麼

★ 坐言起行去辦學

★ 以信念掛帥的籌款之路

20 世紀末，資訊科技及全球化發展為世界帶來極大轉變，中國的改革開放促使經濟急速增長，而隨着香港回歸，內外環境的改變令社會需要的人才類型出現變化，因此香港教育模式也要配合作出改變，以應對瞬息萬變的新世紀。

九七回歸前，教育問題已引起社會廣泛重視。由 1984 年至 1997 年，教育統籌委員會（下稱「教統會」）發表了第一號至第七號報告書，推動了一系列的教育新政策。特區首屆行政長官董建華上任後，在 1998 年委任了梁錦松為教統會主席，在其下成立了兩個工作小組，全面檢討本地教育制度與政策[1]。

投身教育改革的洪流

在 1998 和 1999 兩年內的不少個晚上，經常有眾多香港大學畢業同學會成員在位於銅鑼灣的會所內聚會，熱烈地討論香港教育的現況和未來。

香港大學畢業同學會（下稱「同學會」）創立於 1976 年。這是一個特別的校友組織，除了維繫及增進校友情誼，創會宗旨還包括提高會員的專業水平，以及「提倡以開放的態度去認識和關心國家大事和社會問題，培養熱愛羣體和服務羣體的作風」。創會成員在 1970 年代初就讀香港大學時，已經受當時中國和世界形勢轉變的影響，抱有「關心社會、胸懷祖國、放眼世界」的情懷。他們年輕時一起讀書成長，投身社會後亦不忘初心，成立了同學會，希望能維持及發展校友之間及與母校的聯繫，心中且有「一團火」，熱切希望能集體為社會和國家作出貢獻。同學會積極參與香港發展的討論，例如在 1980 年代參與有關香港回歸及基本法的討論，在 2001 年提出一系列「振興香港計劃」的建議等；其中有一羣活躍的教師會員成立了「教師組」，舉辦了不少教育研討會等活動，亦出版教育書籍，冀有助促進同業的專業交流，更不時向政府提供有關教育政策的建言。

到九七回歸時，同學會的會員們已成為各行各業的翹楚，在專業界、商界、教育界等不同領域發光發亮。當時推動教育改革的教統會主席梁錦松、「中三以後工作小組」主席程介明和委員盧李愛蓮，都是同學會資深會員；而在 1997 年至 1999 年任同學會會長的楊佰成（工程師）和副會長盧李愛蓮（專業教育管理人員）等都在會內推動教育討論，並成立「教育關注組」和其後的「家長關注教育組」，由前任同學會會長馮可強（商界）任召集人。

同學會的會員們，尤其是為人父母者因有親身感受，都十分關注當時的教育檢討，認為「填鴨式」、「求分數」的傳統教育制度已不能適應時代變化。就在教統會推動社會諮詢期間，同學會的理事會在 1998 年 3 月已成立了籌辦小學的可行性研究小組，由盧李愛蓮出任召集人。

1999 年 1 月 25 日，教統會在會議中心舉行第一場社會諮詢大會，有數百人踴躍參加。同學會不少成員都出席了，其中馮可強在會上發言，講出了作為家長的沉重感受：他的女兒那時剛升上一間傳統名校的小學一年級，他幾乎每晚要陪女兒做功課到深夜，女兒和同學如考試分數不到 80 分便要見校長接受訓話，警告如不努力就不能升上同一辦學團體的中學。唸小一的女兒完全感受不到學習的快樂，對事物的好奇心也被課業及分數的重擔消磨淨盡了。馮可強當日在會上對傳統教育制度下學生和家長的苦況陳述、以及他對教育改革的盼望，贏得了滿場熱烈的掌聲。

我們有一個願望

同學會家長關注教育組繼而起草一份文件，由部分會員、各界朋友及幼稚園家長共 400 多人，以個人名義發起聯署行動，並在 2 月 9 日和 10 日分別在《明報》及《香港經濟日報》刊登全版廣告，向整個社會講述這羣「有心人」的心願：〈一群家長的宣言——我們對香港教育的願望〉。

我們有一個願望：孩子有愉快的學校生活，每天從學校帶回家的，不是眼淚、沉重的功課和大量要溫習的測驗。

父母不用每天無奈地強迫孩子做繁重的功課，而破壞親子關係。

父母不用經常為了孩子的功課、考試成績和入學問題而困擾。

孩子不用死記標準答案和過量的課本知識，而可以有時間和空間，去學習思考、探索新事物、發揮創意、關心別人⋯⋯

老師不只是向學生傳授課本知識及操練他們如何應付考試，更能著重培育每一位學生身心健康的全面成長。

學校不只是關心考試成績及取錄組別高的學生，而是以「有教無類」的精神，因材施教，為培育下一代而努力。

教育當局拿出決心和勇氣，從速改革考試制度，精簡課程，改善教學質素，解放我們的孩子。

孩子長大後成為身心健康、品格良好、有語文溝通能力、能獨立思考、有創意、有多方面知識、能終身學習、愛護環境、合群和有社會承擔精神的人。

　　　──〈一群家長的宣言──我們對香港教育的願望〉

這份宣言反映了當時很多家長們的心聲，在一個多月的時間裏，宣言得到4,116人署名支持，也引發教育界、家長、傳媒和各界人士的廣泛關注。其後同學會召開記者會，楊佰成和馮可強代表將宣言連同眾人簽名呈交教統會主席梁錦松，表達眾多家長對教育改革的期望，從而推動了社會對教改的熱烈討論。

▲ 〈一群家長的宣言──我們對香港教育的願望〉
（《香港經濟日報》1999 年 2 月 10 日）

17

我們可為香港教育做甚麼

在 1998-1999 兩年內的多次會議上，這羣有志服務香港的港大校友們熱烈地討論：

「我們是不是也可以為社會、為本地教育做些甚麼？」

「可是除了寫建議書，我們還可以做些甚麼呢？」

「也許我們該自己辦一所學校。」

「我們該把自己的理想實踐出來，辦一所優質的學校！」

「但我們大部分人都不是搞教育的，能行嗎？」

「為甚麼不行？我們都是教育有心人，只要全心全意，我相信我們一定能成功的！」

與其空談，不如將心中的教育理念付諸實行，創辦學校，以呼應社會對教育改革及新世紀人才的需求吧！

對一羣來自各行各業的校友來說，這是非常大膽的構想。然而他們想到：同學會有一些會員是老師、校長和大學講師，其他成員在商界和專業界等都有豐富的管理經驗。另外，同學會與香港大學關係密切，可以得到港大教育系等的學術支援，試驗新教學理念；加上會員們有多年友誼，都有理想和熱忱，眾志成城，辦學並非不可行。想到將來學校辦好了，不止能為香港，甚至還可能為中國內地的教育發展作出貢獻，他們便決定坐言起行，成立教育基金，申請興辦學校，發展教育事業。

▲ 教育基金部分創會成員在香港大學合照

坐言起行去辦學

1999 年 10 月，香港大學畢業同學會教育基金（下稱「教育基金」）正式成立，目的是：創辦優質學校、培育 21 世紀新精英、促進教育改革。教育基金成員以 20 多位同學會會員為骨幹，包括主席楊佰成，副主席蔡秀煜（會計師）、盧李愛蓮、湯蕭麗珍（會計師）、彭泓基（商界）等，其後並邀請時任香港大學校長鄭耀宗教授、副校長程介明教授為顧問。教育基金成員來自各行各業，不少具有教育背景，也有其他專業人士、工商金融界主管等，可就學校發展、財務及管理等各方面提供意見及參與工作。為了辦好學校，成員們向相熟的學校教育工作者等取經，了解申請和辦學的注意事項。

2000 年 2 月，在駱健華律師（其後擔任教育基金的名譽法律顧問）的協助下，教育基金完成註冊，成為以教育為宗旨的非牟利慈善團體，在籌得達到申請創辦小學的資金要求後，便正式向教育局遞交辦學申請和計劃書。計劃書首頁印了這樣的一句承諾：「辦一所學生喜愛，家長支持，教師熱心奉獻，社會讚賞的新型優質學校，為香港教育事業的發展貢獻一點力量。」這就是教育基金創會成員的初心！

▲ 教育基金代表出席與教育署的簽約儀式

▲ 香港大學畢業同學會召開特別會員大會成立香港大學畢業同學會教育基金

以信念掛帥的籌款之路

教育基金成立初期面對的其中一個難題當然是「錢」。作為辦學團體，至少要拿出 400 萬港元才有辦校「入門資格」。除了初期由 20 位成員每人捐出 10 萬港元，共計 200 萬港元作為種子基金外，在申請成為非牟利團體期間，他們也想盡辦法籌款，例如向同學會會員寄出募捐信，捐出 5,000 港元便可成為創會會員，又在港大校友刊物撰文募款，從而再籌得 100 多萬港元款項。一羣移居加拿大溫哥華的港大校友由前同學會會長酈梅莉統籌下，更在當地舉行了一場募款晚會，籌集了 10 多萬港元支持。但是要興建一間新學校，這還遠遠不夠。教育基金仍需要另外籌多數百萬港元，才有足夠資金用於購置學校設備及改善校舍設施等方面。

為了籌款，教育基金曾在 2002 年 6 月 27 日於香港大會堂舉行音樂會，募集社會熱心人士捐款。另一方面，更多的籌款工作交由當時擔任教育基金副主席湯蕭麗珍負責統籌。湯蕭麗珍在大學畢業後投入會計行業及信託基金工作，從未做過籌款，卻在教育基金成立初期勇敢地站出來，承擔艱巨的集資任務。在她看來，籌款和捐款的重點在於「情」、

「義」、「願」、「信」，要動之以情，讓捐款人相信善款將得到善用，從而願意捐出金錢。「我相信這是一件好事，我相信教育基金和我的同學們，我相信辦校有意義，也相信會成功。」湯蕭麗珍和教育基金成員的熱誠感染了不少善長仁翁，最後籌得的善款遠多於既定目標，更有部分款項得以用在其後的書院建設上，令她十分鼓舞。

「一個人擁有財富的最高境界是成為一位真正的慈善家——只有贈予，不求回報，也不干涉捐款機構對善款的運用。」在湯蕭麗珍籌得的款項中，最大的一筆來自一對由內地移民至港不到兩年的周氏夫婦。那時教育基金還沒有辦學經驗，只能憑藉一羣熱心教育的港大校友身份，向周氏夫婦講解建校原因和教育理念。雖然建校需時數年，看到辦學成果的時間則更長，但周氏夫婦因為相信這羣充滿熱誠和信念的校友，便慨然捐出大筆款項；兩人很低調，捐款後也不要求冠名，人們只知道他們是周先生、周太太。後來教育基金也得到香

▲ 小學地盤

港賽馬會慈善基金、鷹達投資有限公司、力生家庭信託基金、永利祥國際有限公司等機構贊助，超額籌得逾千萬港元款項。

兩年後，湯蕭麗珍順理成章繼續承擔起書院的籌款工作。她覺得，向人籌募的不止是金錢，還是一份對教育基金及其成員的信任和感情。「捐贈最高的境界是：施者歡愉，受者得益，這也是我的座右銘。」而她自己多年來既出力又出錢，為教育基金、小學和書院的建設和發展作出了很大貢獻。在小學新翼籌款時，當看到眾人擔心資金不足，她更主動提出承擔部分開支，成為小學新翼的首位及主要捐款人。然而她卻說，自己得到的更多，是最大的受益者。「在教育基金創辦成員裏，我年紀最小，也不懂教育，他們卻不嫌棄，帶着一股傻勁的我一起向前跑，創辦了兩間學校，獲得了很多難忘而寶貴的經歷。」她直

言，若將來能在基碑上記下自己曾參與建立這個教育機構，出了一分力，便很滿足了。

一直以來，捐款人中不少是香港大學校友或同學會成員，他們本着一份為社會貢獻的心，不但捐款，更親身參與教育基金工作。教育基金前副主席的朱裕倫，和同學會資深會員馮紹波及公司合夥人梁家齊合共捐出數百萬港元給教育基金，他們更被稱為「三劍俠」。朱裕倫表示：自己是土生土長的香港人，以前家裏是低下階層，在政府資助和香港大學教育下完成學業，因此也想在自己有能力時回饋社會，幫助更多人；他又是同學會的首任會長，對教育基金的始創成員十分了解，知道他們說要辦學一定不是空談，而是真的有能力去實踐理念，可為香港帶來多元創新的辦學模式，因此毫不猶豫地支持，並加入教育基金的首屆管理委員會。

▲ 為辦好優質教育而出錢出力的教育基金成員及熱心支持的人士

編織教育夢

★「四大基石」辦學理念

★ 校訓：「明德惟志、格物惟勤」

★ 校徽代表新一代

教育基金始創成員基本認同教統會提出的教育改革方向，即以校本教育為主，推行全人教育、多元發展，培養「樂善勇敢」的學生 [2]。教育基金的目標是為社會做一些有意義的事情，特別是認為學校教育在培育下一代方面不能再墨守成規，需要有適應時代的改變。成員們在申辦小學的階段時就意識到：作為一個辦學團體，他們沒有辦學經驗和往績，必須要有明確的理念和自己的特色，才能讓他們在與其他申請同一地段的辦學團體當中得以突圍而出。

「四大基石」辦學理念

教育基金在向教育局遞交申辦小學計劃書時，於首頁畫了一朵五瓣花，花蕊中心的字是「學校」，五片花瓣則分別填上了「專業」、「愛心」、「東西文化」、「家庭」和「社會」，這便是教育基金提出的「四大基石」的辦學理念：

愛心與專業的結合

東西方文化的結合

學校與家庭的結合

學校與社會的結合

Integration of Passion
and Professionalism
愛心與專業的結合

Integration of Eastern
and Western Culture
東西方文化的結合

The Four Cornerstones
四大基石

Integration of the School
and the Family
學校與家庭的結合

Integration of the School
and the Community
學校與社會的結合

經過 20 年的辦學實踐，再結合近年來的社會發展情況，教育基金成員和兩間學校的校董與管理團隊在 2020 年 11 月的內部座談會上，重新對「四大基石」的辦學理念作出以下解說：

「**愛心與專業的結合**」表示教育基金和學校對教師的要求：愛護學生，關心及致力於協助學生的身心健康成長和全人發展；對教育事業充滿熱誠，維持教育專業的榮譽、尊嚴與情操；努力不懈學習，擴闊視野，跟上時代發展，提高專業水平和教學質素與成效。

「**東西方文化的結合**」表示教育基金和學校對學生的期望：希望培育出來的學生既具備中華文化素養，又能欣賞多元文化，是有國際視野的良好公民；學校要重視加強同學們對中國文化的認識和認同，引起他們對中國語文和中國歷史的學習興趣。教育基金又認為：在現今世界科技發展快速，社會急劇轉變的年代，必須加強人文文化教育，與科學文化教育交融，除了幫助學生發展創意和創新能力之外，亦要培育他們的學養和文化素質，通過品格、價值觀和生命教育，樹立正確的人生定位和方向。

「**學校與家庭的結合**」表示教育基金和學校與家長是合作伙伴：着重與家長建立密切的聯繫和溝通，共同按照「四大基石」教育理念和學校使命去培育學生；通過家長教師會，促進家庭與學校的合作，並推行家長教育；與家長一起應對社會變化對學校教育的各種挑戰。

「**學校與社會的結合**」表示教育基金和學校對社會有責任：世界愈來愈急遽轉變，要因應發展趨勢不斷學習，修訂和改善我們的教學策略和方法；無論周圍環境有何變化，教學團隊與學生在家長的支持下，要堅持和平理性、尊重法治、多元包容、明辨是非的原則，共同在學校內維護專注學習、互相關懷的安寧環境；希望對香港的教育質素和成效作出貢獻，並着重與教育界和社會人士分享教學經驗，為促進青少年的健康成長、社會和人類文明的進步、以及地球的可持續發展而共同努力。

校訓:「明德惟志、格物惟勤」

教育基金的始創會員全部是香港大學的校友，自然緊記「明德格物」的校訓。在教育基金校訓小組孫慧玲（兒童文學作家）的邀請下，當時的港大中文系單周堯教授創作出「明德惟志、格物惟勤」的港大同學會小學校訓（其後也成為港大同學會書院的校訓）。單周堯教授後來親自解說:「意思是指我們必須立定志向，努力培養出崇高的品格，勤奮不懈地探求事物的原理。」

教育基金的辦學理念的「核心價值」就是「明德格物」；兩間學校培育出來的學生就是要具備「明德惟志、格物惟勤」的素養。校訓的題詞及校名的題名，則經時任港大副校長李焯芬教授恭請國寶級學者饒宗頤教授親筆書寫。校訓的英文翻譯則為" Strive for Virtue, Quest for Truth"。

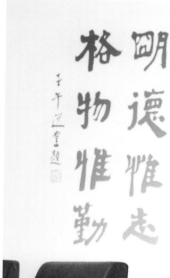

▲ 單周堯教授親自解說校訓

校徽代表新一代

教育基金邀請了港大校友梁安妮的公司為新辦的港大同學會小學設計校徽（其後港大同學會書院也採用同一校徽）：帶着藍色波浪的星星，當中星星象徵帶領及指引、是新世紀的優質教育模式，波浪則是動感、力量和創新，加起來就是一個又一個舞出學習樂趣的孩子。這個很有創意而帶有現代感的校徽，形象化地表達出教育基金始創會員對兩校培育出來的學生的美好想像！

辦校外行人的第一次

教育基金成員從零開始辦校，許多事情都是第一次經歷；他們只好不斷討論，確定穩妥後才去做。有時大家各有各的想法，甚至爭持不下，卻從來不曾傷和氣，只要有了共識，就會全力執行，無私奉獻。教育基金前主席盧李愛蓮分享了這樣的趣事：學校建成後需要驗收，但眾人都不是從事建築工程行業，根本不知要做些甚麼，於是馬上找其他有專業經驗的校友來幫忙，學習如何檢查補漏，最後終於把校舍檢驗好。參加工作的成員們凡事都要親力親為，例如購買校舍設備和教學用品等。在最初招聘校長時，成員們只能利用下班時間面試，因此面試工作總在晚上七點後才進行，但是從來沒有人抱怨。

不少人都是在機緣巧合之下參與學校事務，例如小學第二任校監、也是同學會資深會員的黃啟民是會計師出身；書院首任校監陳求德是醫生，曾笑言當上校監後，成為了「Part-time 醫生，Full-time 校監」。在一眾成員中，有的人其實對教育界認識不深，只是義務參與教育基金的工作，卻十分積極，不怕勞累，不求回報，全心全意為教育基金和兩間學校付出，一做便是十幾年。這份對教育基金理念的認同、無私奉獻的精神，令不少人深深感動。有些人最初對教育基金沒有多少認識，卻在他們的感染下開始參與學校事務。曾任書院校監、律師出身的李黃眉波便說，當年通過教育基金和學校認識了很多有心人，這些人的熱誠令她願意加入其中，一直做下去。

3 從零開始的創校過程

★ 籌辦港大同學會小學
★ 轉為直資學校的爭論
★ 港大母校和校友的支持
★ 創新的教育理念受家長歡迎
★ 籌辦港大同學會書院
★ IBDP 與 DSE 的風波
★ 興建小學新翼

籌辦港大同學會小學

教育基金成員認為,要讓他們的教育理念達到良好的果效,必須由小學辦起,於是決定先申辦小學。2000 年 1 月 18 日,教育基金首次會議在香港大學舉行,當時討論並選出基金會及轄下各小組的負責人選,落實為興建小學籌款、學校選址、發展方向等具體行動,更提出以後開辦中學的設想。教育基金其後在 2 月 16 日完成所有註冊手續,並向教育局遞交申辦津貼小學計劃書(由盧李愛蓮統籌及撰寫),爭取當時港島區最後一幅小學地皮。為起草辦學計劃書,楊佰成的辦公室成了眾人的「籌辦處」,他們常在下班後來這裏開會,商議計劃書內容,確立辦學理念。楊佰成全家出動,辦學申請和計劃書封面上充滿童趣、反映教育基金理念的小花,正是由他的女兒所畫的;而上面「申請辦小學計劃書」等字樣則出自他太太周立平(資訊科技界)的手筆。在申請校舍分配的面試前,眾人還反覆預演。

「教育是一個社會、一個民族、一個國家能夠繁榮昌盛,崇尚文明,維持民主、法治的基石。教育除了是傳授文化知識,更重要是培養學生的完整人格,使他們終生熱衷學習、勇於承擔、敢於革新及不斷追求充實的生活。」教育基金的申辦小學計劃書上這樣寫着。計劃書上列出的教育基金管理委員會成員的名單中,除部分始創成員外,也包括杜嘉敏律師,以及香港大學的幾位教職員梁貫成博士、沈雪明教授、羅陸慧英博士、徐詠璇女士。眾人雖然沒有辦小學經驗,但是他們齊心協力,憑着創新的教育理念、清晰的目標、熱誠與用心打動了當局。2000 年 9 月,教育局批准教育基金的辦校申請,並撥予柴灣公園旁邊的怡盛街九號作興建校舍之用。

▲ 《申請辦小學計劃書》

當時教育局制訂了「千禧校舍」設計模
式，亦歡迎辦學團體提出在容許範圍下
的設計修改意見。楊佰成與辦學小組
成員事事親力親為，曾到附近的停車場
頂樓視察學校地盤，看到校園裏有幾棵
歷史悠久的珍貴大樹，便覺得一定要保
留下來。眾人又採納了同學會會員的
意見，其中包括駱素芬（建築師）提出
的意見，將校舍每一層樓都刷上不同顏
色，就像彩虹一樣繽紛。

興建小學校舍的主要捐款者的命名設施
包括：力生樓、香港賽馬會環保教育中
心、霍何綺華圖書館、鄭熙庭室內運動
場、式賢音樂室、英亭等。

轉為直資學校的爭論

就在籌辦學校工作進行得如火如荼之
際，教育局官員向教育基金提出建議，
可考慮將原規劃為津貼學校的用地，轉
變為直資小學。當時成員有重重顧慮：
直資學校需要收取學費，費用可能會使
來自基層家庭的學生卻步，似乎違反了
他們面向大眾、有教無類的理念；創辦
初期收生人數較少，而直資學校收入與
學生人數掛鈎，人數太少也會出現財務
風險；津貼學校無需擔憂收生，若能以
教育基金的理念成功辦好津貼小學的
話，將更能證明教育改革的成效。

▲ 興建中的小學

然而，相比津貼學校，直資學校有不少優點：直資學校在學校管理、課程規劃、資源運用、收生等方面都更為靈活有彈性，更有利於嘗試新型辦學模式；自行設計特色課程，也可以自主選擇適合的教學語言，令提供的課程更多元化，切合學生的不同能力需要。由於政府津貼是一筆過款項，學校收取適量學費可增加資源，為學生提供不同的課程和活動。至於在收生方面亦無需受地區限制，而且可自行訂定教職員人數、薪酬和人事升遷安排，招攬來自不同背景的人才，擁有更理想的師生比例。這些都有助實踐「四大基石」的教育理念，若辦得成功，也能成為優質直資小學模式的示範。

教育基金成員多次討論，更曾借用一幢別墅，花了多個小時認真討論直資學校的利弊。最後，教育基金管理委員會將津貼和直資小學的利弊整理提交，在會員大會上表決，終於取得共識：將津貼小學改為直資小學。港大同學會小學因此成為港島區首間直資小學。

就這樣，教育基金向政府提出轉為直資學校的申請。他們將學費訂為較低的每月 1,500 港元，並以提供學費津貼及獎學金等方式，降低基層兒童的入學門檻，讓更多家庭能夠負擔得起上學的費用。同時繼續興建校舍、招聘教職員和招收學生的工作。

教育基金對教師質素有一定要求，需要他們對教育有熱誠、有愛心，也必須認同學校的辦學理念。後來學校共聘請了 21 位來自本地、加拿大、美國等地的教師，其中九位更擁有碩士學位，又覓得陳淑玲（資深教育工作者）擔任首任校監，以及聘請她在教育局的前同事梁淑貞擔任首任校長。教師團隊逐漸成形後，教育基金成員花了很多時間和教師溝通、磨合，確保他們清晰了解並實踐教育基金的辦學理念。陳淑玲表示：「港大同學會小學的誕生源於一班熱心的港大畢業生對教育的一份夢想、對孩子的一份承擔。夢想孩子可以愉快地上學，有空間作探索，教師在工作中成長，學校是愛和專業發展的地方。」

港大母校和校友的支持

作為新辦學團體，沒有經驗，也沒有知名度，初期大家都有點兒手忙腳亂，不過也並非孤軍作戰。這羣港大畢業生獲得了來自母校和校友及其他朋友的協助，例如正在港大任教的程介明博士、謝錫金博士、羅陸慧英博士等；港大教育學院於課程設計、教師培訓、評核機制等方面提供了專業支援，歷任港大校長皆十分支持教育基金和兩校的活動。就連港大同學會小學的啟幕禮，也是其首場介紹會，都是在 2001 年 9 月 8 日於香港大學陸佑堂舉行；他們事前在各大報紙刊登廣告，宣傳啟幕禮的消息。由於港大的名氣加上家長對於港大畢業生的信任，當天來了超過七百多人，給眾人很大的鼓舞和信心。

在啟幕禮上，教育基金向外界介紹了港大同學會小學的辦校理念和特色，開始正式招生。時任港大校長戴義安教授 (Prof. Ian Davis) 應邀出席啟幕禮。他致詞時表示，很高興見到這些港大畢業生秉承回饋社會的精神為香港的教育發展作出貢獻，港大亦樂意在各方面提供協助，使港大同學會小學成為家長喜愛的優質學校。

▲ 在香港大學陸佑堂舉行小學首場介紹會

▲ 小學啟幕禮：時任香港大學校長戴義安教授應邀主禮

創新的教育理念
受家長歡迎

另一方面，馮可強和陳淑玲在這段時間負責前往港島區一些幼稚園宣傳，與校長、老師和家長開座談會，介紹學校的辦學理念。小學的教育理念創新，同時迎合當時社會需要，令家長「眼前一亮」，在幾個月內，學校便收到過千份入學申請，家長們用實際行動投下信任的一票，讓教育基金成員喜出望外。

由於小學校舍尚在興建，教育基金與當時港島民生書院校長張伯康（港大校友）情商，借用其位於筲箕灣的校舍，為申請入學的家長和學生面試，了解他們對教育的想法與學校理念是否一致。那時小學落實聘請的教職員還不多，教育基金不少成員亦加入其中，拿着評分標準表格，擔任起了小學入學面試「考官」。

面試時，有些家長坦言自己只是「博一博」，因為相信辦學團體和欣賞其教育理念，所以就為子女報名。有位家長決定為其子女從傳統名校轉學至港大同學會小學，原來是由於其在中學擔任校長的外祖母不願外孫應付繁重的課業，相信外孫轉校後能減輕學習壓力。還

有一位住在公屋的單親父親帶着女兒面試，他說：「因為看到學校對小朋友的愛惜，這裏有很多不同的課程讓學生學習，回家後也不用擔心有很多功課，所以我就算工作再辛苦，也想女兒在這裏讀書，希望你們能收取她入學。」這番話讓負責面試的教育基金成員十分感動，也令他們把學校辦好的決心更加堅定。

教育基金又訂定「活潑、好學、思辨、創新」為培育學生的目標。2002年初，校舍正式落成。這個千禧校舍的設施完善：二十四個課室、一個禮堂、兩個操場、一個圖書館，還有各種特別活動室，像是多媒體電腦室、創意藝術教室、廣播及媒體製作中心、環保教育中心等。不過其實校舍與一般的千禧校舍還是有一點分別，眾人在保證校舍主要功能的基礎上，盡可能作出調整，例如擴闊露天空間，增建溫室以培養愛護大自然和環保意識，設有緩跑徑，在活動室安裝浮式木地板、鏡牆、扶手杆等，使校舍空間更靈活，滿足多元化的教學需要。

2002年9月，港大同學會小學開始授課，首年共有六班小一新生，以及兩班小二、兩班小三的轉校生，合共359名學生，踏入校門，開始了他們的求學

▼ 小學落成

路。在港大同學會小學啟幕禮上，時任教育基金主席楊佰成表示：「目前香港正面臨巨大的挑戰，社會需要培養一些具備廣博知識，多元技能，善於結合東西方文化優點，道德高尚，有使命感和勇於承擔的人才和領袖。」

出席小學創校典禮的時任教育統籌局常任秘書長羅范椒芬，對教育基金的成立、辦學校，加入直接資助等都一直支持，更率先訪問小學，到課室觀課並與老師對話，更為學校第一本刊物寫了一段鼓勵性的話。

▲　小學創校典禮：細看台上嘉賓，可以看到創辦小學得到教育統籌局、港大、賽馬會慈善基金等等多方面支持

◀ 小學開辦後教育基金成員和教師與訪校的
時任香港大學校長徐立之教授合照

充滿溫情的校董會會議

兩校均根據校本管治模式,設有法團校董會,負責學校的管治工作。校長需通過校董會向教育基金負責,學校一些重要職位的任命也有教育基金的參與,但教育基金本身並不會直接參與學校的日常管理,給予學校充分的自由度。

兩校校董會中的辦學團體校董由教育基金委任,當中有教育基金成員;他們背景各異,不少是來自各界的專業人士。一眾校董十分盡責,他們定期開會,了解學校運作上的大小事宜,也會根據各自的專業範疇及背景,就學校發展提出建議。在兩校創辦初期,百業待興,校董常常在下班後趕往開會,探討辦學事宜,柴灣校舍的燈光總會亮至夜深。關心大家的校工則時常提前煲好湯水給他們喝,成為不少校董心中溫暖的回憶。

▲ 小學校董會在會議前合照
(2008-09)

籌辦港大同學會書院

小學創校第一年，家長一方面滿意子女接受港大同學會小學的教學模式，另一方面也擔心子升中後難以適應一般中學注重考試、重視成績的教學環境，出現要求教育基金申辦中學的強烈呼聲，要求教育基金趕緊開辦中學。

2003 年，政府推出香港仔南風道九號的地段供辦學團體申請，教育基金隨即遞交申請計劃書，同樣以「四大基石」為基礎理念，期望興辦直資中學，樹立「一條龍」學校模式，銜接並延續小學

的教育理念，為社會培養「具視野、富文化、有理想、敢承擔、追求卓越」的新精英。計劃書附有時任港大校長徐立之教授的支持信函，以及幾百位港大同學會小學師生、家長聯名支持，最後教育基金成功獲得該地段，得以興辦港大同學會書院。

教育基金其後籌募建校經費，繼續由湯蕭麗珍統籌籌款工作。小學的幾百名家長和學生都熱烈參與，並舉辦步行籌款，由香港大學沿山路步行上維多利亞山頂。時任港大校長徐立之教授（也是教育基金的名譽會長）主持開步典禮，並與家長學生一起漫步到山頂。

▲ 小學家教會步行籌款活動「踏青行」，為書院籌募經費

▲ 興建書院

興建書院校舍的主要捐款者的命名設施包括：黃陳月莉行政大樓、力生教學大樓、賽馬會科學大樓、鄭承峰體藝中心、鄭承峰室內運動場、李詔博士學生活動中心、鄭承隆籃球場、李梅以菁語言中心、李國賢綜合科學實驗室、霍何綺華資訊科技學習中心、眾志堂、鄭王鳳視覺藝術室、鄭王音樂室、王鳳舞蹈室、蕭吳燕芳夫人圖書館、盧家聰課室、陳健華張慧蓮課室、梁家祐課室等。

新校舍在 2005 年落成，其設計比起一般千禧校舍更有特色，政府建築師根據南風道窄長的坡地地形設計非標準校舍，當中較為罕有、面積達九百平方米的露天劇場和半月形的梯級看台，成為學校舉行各種演出的場所。當時新任教育基金執行總監的馮可強就負責統籌驗收校舍、與建築署洽談修葺、購買學校設備、招生宣傳等等工作。書院由陳求德醫生擔任首任校監，資深中學校長陳鄭美珠為首任校長。

書院在 2006 年 9 月開學，首年只有六班中一，剛好適時收取港大同學會小學很大部分的第一屆畢業生；餘下的 70多個學額，竟收到了超過 700 名外來學生報名，反應踴躍。 書院的開辦，標誌

◀ 書院落成
▼ 書院開辦首年校董與
　　教職員聚餐

書院開幕暨開放日

着教育基金的教育理念可以得到進一步延伸。教育基金開始「十二年一貫」的「一條龍」教育模式的實踐。

IBDP 與 DSE 的風波

翻看當時港大同學會書院的宣傳介紹，可以看到其初中的課程會分為八個主要學習領域，至於高中的重點則是「中五至中六採用 IB Diploma Programme（IBDP 國際文憑大學預科課程）」。書院首任校監陳求德印象最深的是，創校時為了早日培養學生的國際視野，聘請了不少外籍教師，也因此吸引了部分家長報讀。然而，書院開辦的首年，教育局官員向教育基金指出，由政府直接資助的學校需要提供本地課程，起碼有超過一半的中六學生要應考本地公開試（即中學文憑試 DSE），其餘可選擇考 IBDP。可是對於一間剛創辦、還未取得任何公開試成績的中學來說，推行 DSE 和 IBDP 雙軌制有很大風險；而 IBDP 課程在師資等方面的成本較高，選修的學生也要支付較高學費等等。

教育基金管理層和書院管理層經過深入和反覆的討論，決定全部採用 DSE 課程。這引起一小部分家長的意見，因為他們正是為了 IBDP 課程而選擇書院，而突然改為推行 DSE 課程，使他們有很大心理落差。教育基金和學校馬上召開家長大會，向他們解釋更改課程原因，首任校長陳鄭美珠和教師們也花了不少時間跟家長溝通，還設計了一個帶有 IB 元素的 DSE Plus 課程，保證學校符合教育基金的辦學理念，成為一間有國際視野的本地學校 (a local school with an international outlook)，最後爭取到家長們的信任和支持，相信書院仍會延續「四大基石」理念和學校使命，培養學生應考公開試升讀本地大學以至遠赴海外升學的能力，從而渡過信任危機。

書院開辦的頭幾年經歷了不少挑戰和曲折，李黃眉波原本計劃退休，後來接任第二任校監，由那時開始，才逐漸對教育有了更多興趣。她曾經歷諸如更換校長和學校各種行政管理問題，不時忙於「撲火」。但是正由於這段經歷，令她在教育基金和學校認識了很多教育有心人，深感學校有一羣好老師，他們努力適應教學上的各種轉變，致力提升學生的學習能力和興趣，這些人的熱誠，驅使她繼續為教育而努力，後來更擔任教育基金主席。

興建小學新翼

港大同學會小學重視學生的全面發展，也有很多體驗式的教學活動。建校多年後，原本的校園設施已不能滿足教學需要，為了讓學生能有更多空間和更先進的設施愉快學習，2015年，時任校監朱周肖馨（商界）重新提出落實擴建校舍的建議，以解決場地不足的問題，並得到時任教育基金主席李黃眉波等鼎力支持。經教育局批准後，2016年，學校成立擴建督導委員會，開展小學新翼的興建工程，由盧李愛蓮任召集人，成員包括簡嘉翰、朱周肖馨、黃志光與黃桂玲等。湯蕭麗珍除與家人捐款外，又再次幫助籌募捐款工作。黃志光（工程師）作為擴建項目的技術及成本管理專責小組主席，前後長達五年；李澤敏（工程師）參與支援這個小組的工作。

作為直資小學，新校舍的一磚一瓦都要學校自行負擔；而可供擴建的場地有限，委員會需要結合專業人士意見、學校教學經驗等方面，尋求如何解決這些實際困難，在有限的空間內地盡其用。

新翼大樓於2020年11月啟用，是建築、環保、教學方面的完美結合。全新的禮堂「聚藝堂」裝設了彈性地板及先進的燈光系統，方便學生在這裏練習舞蹈和戲劇演出。「動感天地」和「夢工

▲ 小學新翼「湯蕭樓」

▲ 昇悦階

場」設有最適合 STEM 教學的器具，像是 3D 打印機、鐳射打印機，甚至單車發電系統等。這裏還建構了一個小型物聯網系統，學生可以編寫程式，控制課室的燈光和冷氣系統。新圖書館有很多綠色元素，不少座位設在窗邊，可看到柴灣公園的景色，還有一幅植物牆，讓學生在閱讀的同時也能接觸綠色植物，舒緩眼睛疲勞。圖書館也設有圖書消毒機。館內還有一個天然光裝置，引導由天台引入的太陽光。至於在天台的「同心圃」是一個小型植物園，學生可以在這裏種植蔬菜。新翼還有昇悦階、演藝廣場、眾賢台等場地，提供充滿學習樂趣的空間。

▲ 黃慶苗伉儷圖書館

▲ 博學篤行夢工場（STEM House）

41

為興建新翼，教育基金和小學齊心協力，籌集款項。家長、學生和校友舉辦了各種各樣的籌款活動，像是步行籌款、義賣等。大家聯繫相關的人際網絡，積極籌集善款。得到社會熱心大眾出錢出力，大力支持，最後校方籌得5,000萬港元，使新翼工程得以順利完成。新翼大樓和不同場館皆以捐款者的名字命名，聚藝堂外的牆壁上亦記錄了這些有心人的姓名，旁邊更有一幅由校友設計、製作的「星星牆」，當中每一顆星星都代表了一位捐款人士對學校發展的支持。興建小學新翼的主要捐款者的命名設施包括：湯蕭樓、潘霍玉萍眾藝堂、黃慶苗伉儷圖書館、許榮茂創科動感天地、博學篤行夢工場、同心圍、昇悅階、陳立人聚賢台、霍何綺華演藝廣場、黃陳秀慧紀念舞蹈室、馮吳業承紀念音樂室、周韻琴紀念常識室等。

朱周肖馨帶領完成新翼擴建計劃，為了終能圓夢感到十分欣慰：「興建新翼能讓港大同學會小學的學與教，更上層樓，對學校邁向卓越（"From Good to Great"）的長遠目標，增添助力。」

▲ 黃陳秀慧紀念舞蹈室

▲ 馮吳業承紀念音樂室

▲ 周韻琴紀念常識室

▲ 星星牆

▲ 小學新翼啟用禮於潘霍玉萍眾藝堂舉行

第二章

攜手邁上
教育路

直資學校「一條龍」模式

- ★ 直資學校的好處和挑戰
- ★ 構建「一條龍」教學模式
- ★ 「十二年一貫」的教育實驗

實踐直資「一條龍」辦學模式[3]，建立「十二年一貫」的學校教育體系，是會面對很多挑戰的。這些挑戰，有些是預期之中，有些卻是意料之外。

直資學校的好處和挑戰

正如第一章的敍述，港大同學會小學（以下簡稱「小學」）起初由津貼轉為直資學校時，教育基金內部有不同意見，曾經歷過熾熱的爭論。最後大多數始創成員表決同意，主要是希望能有較大的辦學自主權和靈活性，更有利於實踐和試驗我們的教育理念。

在考慮教育的公平性時，教育基金成員當時有一個共識，就是辦一間「平民化的優質學校」，因此最初將小學的學費訂在每月 1,500 元，港大同學會書院（以下簡稱「書院」）的首屆中一學費則訂在每月 2,200 元（一學年十個月計），就是希望讓普通家庭都可以負擔，而對有需要的學生則在學費和其他費用上給予資助。十多年來，隨着通貨膨脹和教職員薪酬等成本的增加，教育基金在考慮為兩校向教育局申請增加學費時，都審慎從事，避免成為「貴族化」學校。

直資學校在人力資源運用方面較有彈性，包括以合約方式聘用員工，安排師生比例可較靈活等。小學剛創辦時，老師便來自加拿大、美國、澳洲、新西蘭等地，全職教師中有九人更擁有碩士學位。兩校的師生比例也比較高。現時書院約有 900 多位學生，若是一般津貼學校，多數只能聘請大概 70 位老師，但是書院的全職教師有超過 90 位。現時兩校皆實行雙班主任制度，以小班教學，每位班主任照顧十幾位學生，能更仔細地關顧學生需要，提供他們所需的支援。班主任除了負責班務，還要定期和學生溝通，與家長接觸。小學設有班主任課，教導學生社交協作技巧，學習正面態度。至於在中英數這些主要學習領域的課堂上，兩校學生也會按學習能力分組上課，以提升教學效能。

當然，因為教師聘用是合約制，加上直資學校只能安排強積金，不像官校和津貼學校可提供有回報率保證的公積金，因此一般來說，直資學校的教師流失率可能會較前兩類學校為高，但是晉升機會可能比前兩者較多。其次，直資學校可以自行收生，因此小學的學生來自全港各區，校方要和家長教師會協商安排接送的校巴車隊。至於直資學校在課程設計等其他方面的靈活性，將在以下章節介紹。

教育基金是在教育改革早期就開辦直資學校，後來曾獲邀與數間考慮轉為直資學校的傳統名校分享經驗。作為直資「過來人」，可茲分享的地方甚多。

構建「一條龍」教學模式

至於「一條龍」辦學模式，現時全港有30多組「一條龍」學校，部分學校曾經「結龍」而因為各種原因決定「脫龍」；其中一個重要因素是「結龍」後中學必須全數收取「結龍」小學的學生，而小學生在經過六年學習後成績如果出現較大差異，對中學的教學工作及公開試表現方面將會帶來相當壓力。如果中小學之間步伐不同，溝通不足，各自為政，令教學質素難以銜接，只能無奈「分手」。

▲ 小學開辦初年教師團隊合照

▲ 書院開辦初期教師團隊合照

港大同學會小學較港大同學會書院早四年建校，由開始便受到教育界及家長歡迎，為書院早期發展奠下了很好的基礎，特別是不用擔心收生問題，但其實兩校的「一條龍」之路比起其他學校可能有較多的障礙。很多「一條龍」學校共用一間校舍，或地點鄰近；管理層架構一致，例如由同一個校董會、同一個校監監管，或由中學校長兼任中小學的總校長，統籌兩校發展，甚至連教師也可同時在中小學任教。這些條件都能讓「一條龍」實行得較順暢。然而，港大同學會小學及港大同學會書院在行政管理方面各自獨立，互相對於彼此的發展或政策未必了解得那麼深入和清晰。兩校在地理上也有一定距離，小學位於柴灣，書院卻在黃竹坑，在地鐵南港島線尚未通車前，來往兩校需要超過一小時，不利於兩校的教師團隊、學生及家長的直接交流聯繫。再者，由於實行「一條龍」模式，當幾乎全部小學學生升讀書院時，他們的學習水平難免有參差，加上兩校的教學語言有別，小學除英文科外是用粵語和普通話授課，書院則大部分課程以英語教授，因此學生也需要時間適應。

「十二年一貫」的教育實驗

面對小學生升上中學的階段性轉變帶來的挑戰，兩校一直保持交流協作。兩校校長、副校長、以至各科主任或小組統籌老師，都會組織對應會議，面對面溝通，就着中小學課程內容、教學方式，以及該年度小六學生需要關注的重點事項、需要特別照顧的學生等事情進行溝通。兩校教師也經常互相聯繫，交流小五、小六學生和中一學生的學習表現，互相了解彼此的教學需要，檢視有待加強的地方，讓彼此有更多資訊去準備合適的教學方法，使過渡更順暢。

兩校處於不同教學階段，對學生也會有不同的期望。通過溝通，小學教師讓書院教師了解小六學生的學習水平，書院教師和小學共同研究在某些領域如何提早為學生打好基礎；例如小學曾一度提議小六數學課以英語教授，但書院教師表示，因部分中一學生是外校生，他們仍要面對教學語言改變後的適應過程。經雙方商討後，小六數學科仍維持以中文教授。而書院則為中一學生設計了跨學科課程，加強他們使用英語學習及表述的能力。兩校的中文科教師也多次商討，為小六學生的中國語文閱讀與寫作能力定下基準，以便書院能繼續提升學生的中文水平。

◀ 小學同學在升上書院之前
有不少機會到書院參觀、
參與活動或特備課程

兩校在課程設計、教學模式方面做好銜接和融合，就可以更好地為小學生升上中學作好準備。現時小學會為小五、小六學生提供額外輔導，幫助有特別需要的學生打好升中基礎。至於書院則為中一學生提供適應課程，中、英、數等主科也會以分班分組的形式，按照學生程度以不同方法教學，在課程上亦會有所剪裁，例如少教一些內容，將概念講得更清晰一些，以鞏固基礎，拉近學生的學習差異，讓他們逐漸適應新知識和新環境。

在學生升上書院時，小學教師會詳細記錄他們的情況，細微至在分班時考慮學生之間的關係，哪些學生有特殊需要或身體有特殊情況，怎樣照顧得比較好等等。書院教師收到這些記錄，就能對這些學生有更多認識，知道他們的特質和需要，幫助他們建立更好的中學生活。兩校教師也會互相觀課，進一步加強彼此交流。小學教師於書院觀課時，不但會觀察教學方式，還會觀察由小學升上書院的學生的表現，一起討論個別學生升中後的轉變。大家都是抱着關心學生發展的心態，積極討論改善方法。

除了學校之間的銜接，調整學生和家長的心態及期望也非常重要。小學校長黃桂玲表示，學生和家長必須理解，小學和中學是不同的階段，不可能完全無縫銜接，因此學校會這樣告訴小六學生：要有心理準備，升上書院一定會比讀小學挑戰大，要求高。至於家長有時也會感到不解，為甚麼明明是「一條龍」，子女還要適應？為甚麼書院和小學不一樣？學校也要讓他們明白這是正常的，儘管兩校在學習支援、學生表現方面做了各種準備和溝通，但是不代表學生在升中的時候就能平穩過渡。事實上，小六學生在升上中一時遇到考驗，對他們來說是一個關鍵的過程，讓他們學習面對挑戰，適應新環境，解決困難，若學校幫他們把路鋪得平平穩穩，反而會令學生少了一段重要的成長經歷。

▲ 小學與書院聯校音樂會

升中多輕鬆

書院學生 Chan Wing Tsun 的媽媽指出，女兒升中後的確感到課業艱深了，但是她在小學階段已經學會對自己的學業負責，學校的老師也對學生十分關注，會花很多時間和他們聊天，加上小學和書院在課程和教學模式上銜接得很好，因此沒多久女兒便能適應了。

書院學生 Rina Cheung 則指出，自己是外校生，由中文小學轉到英文中學後，第一個星期很不適應；很多同學都是由港大同學會小學升上來，早已有了熟悉的朋友，自己面對陌生的同學，也會擔心無法融入新校園。然而學校在開學前設有迎新日，讓一眾中一學生一起玩遊戲，互相認識，讓她發現同學十分友善；加上校園裏到處都有英文，她很快適應了新的語言環境，漸漸融入書院的新生活。

小學和書院的直資「一條龍」模式有其明顯的優勢，學生由小六升讀中一的升學率一直超過 90%。放眼將來，兩校將繼續加強銜接。教育基金成員在十多年實踐的摸索過程中，深感要建立直資「一條龍」的成功模式，做好小學和書院「十二年一貫」的教育銜接，要不斷面對及克服一個又一個的問題和困難；更何況隨着世界急劇轉變，香港社會情況也出現很大的變化，必須要依靠與兩校的團隊衷誠合作去繼續前進。

多元教育 愉快學習

- ★ 培養活潑、好學、思辨、創新的學生
- ★ 三環架構的課程模式
- ★ 開心而負責任地學習
- ★ 培育具視野、富文化、
  有理想、敢承擔、追求
  卓越的世界公民精英
- ★ 跨學科學習
- ★ 遊戲化學習
- ★ 教育是很迷人的事業

2000 年香港教育改革的目標之一是培養學生有「樂於學習、善於溝通、勇於承擔、敢於創新」的特質，並通過多元化課程照顧不同學生的學習需要，發掘他們的個人潛能，以配合香港向知識經濟社會轉型。在課程改革方面，當局提出「建立學與教新文化」，以讓學生「學會學習」為目標，鼓勵學校以多元化教材培養學生全方位發展，達至終身學習的目標。

教育改革鼓勵及催生了像香港大學畢業同學會教育基金的新辦學團體陸續出現；加上學校自主權提升，有更大自由度調配資源、聘用校長和教師、發展校本課程等，有利於形成多元化的辦學風格和校園文化，平衡以往只重視學術成績、追逐傳統名校精英教育的風氣。

培養活潑、好學、思辨、創新的學生

港大同學會小學是港島區第一間以新模式創辦的直資小學，以培養「活潑、好學、思辨、創新」的學生為使命，創校後不久，便成為備受家長歡迎的直資學校。小學在 2002 年開辦時正是香港推行教育改革初期，加上教育基金也是剛成立不久的新辦學團體，學校沒有甚麼傳統包袱或固有規限。學校初期又只開辦小一至小三的三個年級，規模較小，加上是直資學校，因此有較大空間，得以大展拳腳，作不同的嘗試。

三環架構的課程模式

小學首任校監陳淑玲和首任校長陳梁淑貞在創校初期，一同探討如何建構學校的校本課程，並向教育界專業人士請教，最後定下三環架構的課程模式。三環架構中的「三環」指的是主要學習領域、單元課程，以及延伸學習活動課程，每一環都有其自主而多元化內容。學生每天早上回校後會有閱讀時間，以建立閱讀習慣；上午學習側重學術內容的主要學習領域課程，建立學習基礎和核心概念，培養學習技能、價值觀和態度；到了下午，學校因應兒童活潑好動的特質，安排了更互動有趣的單元課程及延伸學習活動，像是綜合藝術、體育、社區服務等，培育學生多元智能的全人發展。

下午單元課以主題為本，為學生提供生活化、多元化、全方位的學習體驗。學

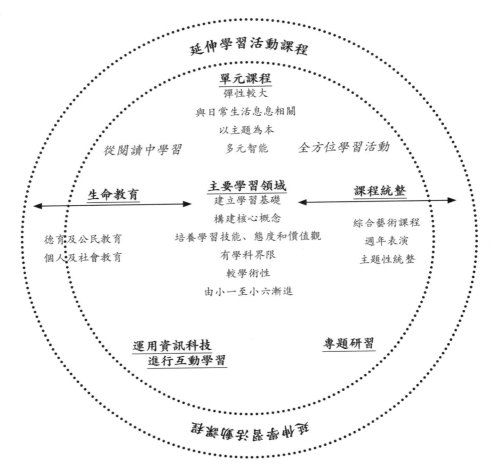

延伸學習活動課程

單元課程
彈性較大
與日常生活息息相關
以主題為本

從閱讀中學習　　多元智能　　全方位學習活動

生命教育　　主要學習領域　　課程統整
建立學習基礎
構建核心概念
德育及公民教育　　培養學習技能、態度和價值觀　　綜合藝術課程
個人及社會教育　　有學科界限　　週年表演
較學術性　　主題性統整
由小一至小六漸進

運用資訊科技　　專題研習
進行互動學習

延伸學習活動課程

▲ 港大同學會小學創辦初年的課程架構示意圖

生每年要學習 12 至 15 個單元課程，包括戲劇、舞蹈、音樂、視藝、武術、劍擊、非撞式欖球、環境教育、社區服務等；例如在環境教育單元，學生有機會前往學校附近的柴灣公園或郊野公園考察，認識香港的常見植物，了解本地生態；也能在校園內嘗試有機耕種，體驗由撒種、發芽到收成的過程。至於音樂單元，學生每年都能認識不同的音樂元素：小三學習非洲鼓，小四學習牧童笛，小五學習手鐘，小六學習電子音樂，以獲得豐富的藝術經歷，從而發掘

自己的興趣和潛能。學習戲劇和舞蹈這些富有表演特質的單元課，讓學生得以鍛煉自信心、表達能力、創意、團隊合作技巧，以及對藝術的欣賞。

學校將單元課程編入上課時間表，根據所教授的主題來編配課時，在既有課時內，教師可以靈活有彈性地安排教學內容。學生經由單元課培養了新興趣或找到自己擅長的領域，還可以在延伸學習活動中深入學習，善用課餘時間，進一步發揮他們的潛能。有關小學於綜合藝術、體育課程，以及延伸學習活動的介紹，詳見第三章。

單元課程是小學創校以來一直持續經營和發展的特色。其實在教育改革初期，很多學校也在做類似的課程，然而不是很多學校能夠持續貫徹實行。港大同學會小學作為直資學校，擁有較多資源和較大彈性，在教授舞蹈、游泳等單元課時可以聘請校外專業人士任教；師生比例高，有足夠人手負責不同課程，對學生的照顧也可以更細緻；學校還為教師提供各種培訓，並向家長講解，讓他們理解學校開設單元課程的理念和對教學質素的要求。

另一方面，小學於學生的兩文三語、個人發展、班級經營等方面也投入了很多資源；例如小學的中文課以普通話為教學語言，並選擇優美的兒童文學篇章為教材之一，為學生打好語文底子。常識科教師則自訂校本課程，時常帶領學生走進社區，認識書本以外的真實社會，並為有需要的人士服務，培養關愛精神。

開心而負責任地學習

小學課程融入教育改革提倡的自主學習、愉快學習精神，而在評核方面，學校也有大膽創新之舉：小一、小二不設考試，以進展性評估代替，成績表上也沒有成績排名，學生不用為了應付大量測驗、考試，或為爭取更高名次而讀書，鼓勵他們為學習而學習，享受學習的樂趣，培養探究新知識的好奇心。

在課堂上，學生往往擔當主導角色，教師多以小組討論、小組合作、專題研習的模式授課，並根據教學重點設計各種學習活動，像是遊戲、角色扮演、創意寫作等，讓學生自己思考、探索、討論，從而找到答案，避免死記硬背標準答案，最後卻不懂得如何運用。學校相信，學習是一個愉快的過程，標榜「開心的學校生活」，而港大同學會小學學

生的確比起一些學校的學生開心得多，學習壓力沒有那麼大，並且視探索新知識為自我挑戰，好奇心十分強烈。

不過「開心的學校生活」中的「開心」指的不僅僅是官能上的快樂，學校更重視學生學習的深度、廣度，以及教學方式是否有效，因此後來為「開心」補充了「責任感」的意義，強調「開心而負責任地學習」(joyful and responsible learning)，從而讓學生、家長和公眾更清晰認識學校的教學策略。

「開心」表示學習過程有趣多元、富挑戰性，學生有高度參與和互動，對學習產生興趣，從而有所得着，這樣就會覺得快樂；例如學校的課程與日常生活高度結合，帶領學生走出教室，像是邀請水務署職員介紹水務知識、動物醫生介紹狗醫生如何為社區服務等。上中文課時，學生有機會實地考察，再回校寫文章。互動學習的過程讓他們懂得主動學習、靈活運用知識和提升社交協作能力。那麼「責任感」在哪裏呢？在於學生在學習過程中必須付出努力，才會感到開心，例如事先搜集資料，在老師介紹有關知識時留心記錄，課後還要做功課、要反思，學習過程其實充滿挑戰。

教師在營造開心校園的同時，並不會降低對學生的要求，例如學習寫字時，一筆一劃都要合乎規範，因為這是最基礎的訓練之一。教師會不斷鼓勵學生克服這些枯燥的學習過程，讓他們認識到必須為自己的學業負責，漸漸他們就能從中找到學習的樂趣了。

輕鬆環境引起主動學習興趣

書院學生 Marcus Chan 小時候很活潑，父母選擇了港大同學會小學，也是由於看中學校愉快的學習環境，不會讓他感到太大壓力。頭兩年 Marcus 都沒有考過試，因此在小三那年，終於要考試了，反而令他既興奮又期待。他說自己不愛死記硬背，而學校的學習過程很開心，輕鬆的環境，讓他更有興趣主動學習，探索更多不同的知識。

▲ 開心而負責任地學習

培育具視野、富文化、有理想、敢承擔、追求卓越的世界公民精英

港大同學會書院的願景是：培育每位學生成為具視野、富文化、有理想、敢承擔、追求卓越的世界公民精英。學校致力營造英語學習環境，因此開辦頭一、二年聘用的以英語為母語的教師比例，比起一般中學為高。學校鼓勵學生透過勤奮、堅忍及創意發掘學習的樂趣，期望通過正面關顧，協助學生達至身心靈全面發展，成為包容、盡責、富同理心、喜愛探索、言語思路清晰及具知識智慧的世界公民，為社會作出貢獻。

由外校來的中一生第一天上學，會感到書院比較自由、創新，鼓勵同學探討事物的好奇心，是一個容許學生有較大發展空間的廣闊新天地。書院與小學有同一教育理念，尊重學生的自我意識，理解青少年在升上中學後開始逐漸展露自己的思想和個性，因此學校按照初中及高中生的不同學習階段，以及學生未來發展的需要，在課程安排上作出調整，於初中階段除了教授八個主要學習領域，規劃了很多校本課程、單元課，以及各種延伸學習活動，並提供選修形式，讓學生提前適應自己規劃學習內容的學習形式。

單元選修課程介乎於傳統課程與活動之間，照顧及延續學生於個別學習領域的興趣，培養他們的專長，而以跨科學習及全方位學習等作課程組織；例如學生平時要上資訊及通訊科技課，學習基本編程概念，在選修課上就能接受深入培訓，學習寫程式、利用資訊科技知識來製作產品，發揮他們的創意和創造力。單元選修課很受學生歡迎，因為他們可以自由選擇心儀的單元課。

學校又於中三開設英國文學、中國文學等選修課，並將中一、中二的綜合科學科分拆成生物、化學、物理三科，而人文學科也在中三滲入經濟元素，讓對這些方面有興趣的學生提前了解課程內容，以便於中四時選擇理想的高中科目修讀。為學生提供各種課程選擇，也能培養他們自主學習和獨立思考的能力，及早確立自己未來的學業及職業方向。

跨學科學習

書院教師團隊願意嘗試新的教學方式。2019 年，學校成立跨學科學習小組，在中三開設跨學科教學項目，第二年將計劃推展至中二，長遠期望可在中三級推行，為學生創造跨學科學習經歷，懂得將知識融會貫通，應用在不同層面。負責統籌相關課程的老師 Thair Mohammad 表示，他們首先要收集中一不同科目的課程資料，再花大量時間規劃，並與各科科主任逐一開會見面，建議調動授課次序，將各科相近或有連繫的知識點改在同一時段教授，令學生獲得跨學科學習經歷。這也是設計跨學科課程的最大挑戰，其間一眾老師要花大量時間討論，重新調整課程設計。另一方面，跨學科小組的教師也要說服各科同工改變本身的課程安排，讓他們看到這樣做的好處。幸而各科老師都認同需要作出改變，十分配合。

跨學科課程將不同學科的知識連繫起來，例如英文科教授的文學故事，講述人物乘船時遇上意外，流落至海島上，當中海洋等水元素可與科學科教授的水知識結合，自然天氣現象也可與人文學科的地理知識連繫起來。而當人文學科讓學生根據所學的天氣知識製作天氣報告時，在英文課上，學生也要在同期創作一份新聞報道，描述主角因為颱風失蹤的事件。學生同時學習這兩種相似的報道形式，也能鞏固他們的學習記憶。

書院前線教師經過這兩年的跨學科教學後，看到了這種課程安排的好處。學生上課時更投入，在這一科學到的知識，馬上就能在下一科運用出來，感到學習

更有意義。科學科目的老師興奮地表示，過去學生只是單純地學習與水相關的元素，沒考慮與自己的連繫，現在他們更投入於學習水的原理，因為覺得還能在英文課上運用。Thair Mohammad 表示，自己在修改學生的英文科功課時，發現他們寫的東西更有條理了，以前描述人物如何在荒島上生存時，竟然會寫讓人物飲用海水，現在他們腦裏有了更多科學基礎，會詳細講解人物可以怎樣製作飲用水，文章更加合乎邏輯。跨學科課程的設計為不同知識建立連繫，令學生得到更深入的理解和鍛煉，印象更為深刻。

遊戲化學習

由 2020/21 學年開始，書院嘗試於中一試行「遊戲化學習」(Gamification of Learning) 的教學方式，並考慮未來於初中另外兩級推行。因為書院和小學是「一條龍」學校，同時又收取不少外校生，學生入學時的成績與學習差異比較大，對學習的投入程度和專注度也不一樣。為提升教學成效、收窄學習差異，書院嘗試推行「遊戲化學習」的教學方式，通過有趣的活動，令學習能力有待提升的學生更加投入課堂。這同時也能配合學校推行的正向教育策略，經由遊戲，讓學生逐漸愛上學習。

▲ 多元、愉快、更有效的學習天地

書院並不是香港第一間推行「遊戲化學習」的學校，老師們看到其他學校實行了這樣的教學模式，效果不錯，於是也嘗試引入。負責相關課程的老師余嘉寶表示，他們在試行這種教學方式的時候，和大學專責教育研究的助理教授一起收集了學生的表現和成績數據，進行分析。結果發現這種方式對學習能力較強的學生來說，分別並不明顯，但是對於學習能力普通或較弱的學生來說，他們的表現則有明顯改善，對於男學生的影響也比女學生明顯，這為他們往後於其他年級進一步實踐這種教學方式引導了方向。從中也能看到，學校給予教師探索教學方式的空間，善於運用不同方式，照顧學生的學習需要，關心他們每一個人的學習與成長。

教育是很迷人的事業

港大同學會小學和書院通過多元化的課程設計，努力貼緊世界不斷進步的教育理念和研究，實踐教育基金辦學的初心。小學校監羅鄧艷文指出「教育是很迷人的事業。」在全人教育、終身學習的理念下，再加上「一條龍」辦學的模式，教育基金可以直接領導、推動、策劃、支援和監督兩校的發展。除了可以參與及見證學生從小一到中六的成長，為他們打好基礎，邁向理想人生，在這個過程中，教育基金、校董會和學校團隊的成員都得到很多鼓舞和啟示。這種有機的互動關係和成果，正是教育迷人之處。而書院校長陳馨亦指出，學校擁有不斷追求卓越的精神，教育基金與兩間學校都是這個學習社羣的一份子，隨着時代改變，他們也應不斷轉變，在未來做得更好，「將追求卓越、為年輕人做到最好的精神延續下去。」

上一節熱鬧好玩的數學課

港大同學會小學致力為學生營造「開心的學校生活」。教師不會單向地傳授知識，而會透過有趣的活動，讓學生在學習過程及自己領悟答案當中找到樂趣；例如說，數學科以多元化的課堂活動培養學生對數學的興趣和高階思維，讓他們發揮所長。在 2015/16 年，負責發展數學科增潤課程的宋寶華老師和鍾劍峯老師更獲得「行政長官卓越教學獎」嘉許。

數學科採用螺旋式教學法，小一至小三以探索式小組學習為基礎，從小四開始，學生會按能力分組，其中最具數學潛質的學生將進入高組班，學習增潤課程，讓他們有更多機會探究高階知識，發揮數學才華。教師於每節數學課都準備了不同的學習活動或遊戲，學習氣氛輕鬆愉快。宋寶華老師表示，「我們深信學習數學不單是為求答案，而是為了訓練思考和解難能力……不要求學生快而準地找到答案，反而希望他們用心思考和觀察，大膽假設，小心求證，找出數學原理和規律。」因此，在上數學課時，學生要用不同形狀的積木拼砌各種立體圖形，學習立方體的概念；也會用分裝棉花糖的活動來學習乘除法及均分的概念；學到平行四邊形時，學生要自己將圖形拼湊、切割成長方形，從而理解平行四邊形和長方形面積相同的道理。數學課堂以學生為中心，他們在活動過程中自己發現數學定律及原理，就會留下深刻印象，就算長大以後忘記了一些數學公式，也會懂得運用從中學到的思考、論證、解難技巧。

數學增潤課程的三層架構

3 愛心和專業結合的教師團隊

- ★ 着重教學熱誠
- ★ 專業發展與「發燒友」
- ★ 攜手追求進步
- ★ 提升教學質素
- ★ 我在這裏工作的理由

2000 年 9 月，教育統籌委員會為配合教改，提出要通過教師交流計劃和建立教師專業階梯等方式，推動校長及教師提升專業水平，又鼓勵學校推行校本管理，老師經由共同備課、觀課、加強檢討等形式更新專業知識。

教育基金的「四大基石」教育理念中，第一項就是「愛心與專業的結合」，即期望教育團隊應要關心愛護學生，和學生建立互信的關係，致力讓他們健康地成長，而教師也要熱心於教育工作，持續自我進步，提升專業水平和教學成效。

着重教學熱誠

小學和書院是直資學校，教師是以合約制聘任。教育基金着重在聘請教師時，不單看應徵者的學歷背景和教學經驗，也重視他們是否抱有教學熱誠，是否和學校抱有相同的教學理念，或在了解學校的願景後是否願意接受挑戰。小學開辦時所聘請的教師有來自加拿大、美國、澳洲等地的專才，二十一位全職教師中的九位擁有碩士學位，而他們都有一個共通點：熱愛教育工作，被學校的教育理念所吸引，甚至有津校教師願意減薪來任教。由學校首年起便在小學任教的葉昌銳老師分享指出，創校頭幾年，雖然不是全部同事都有豐富的教育背景，但是大家都肯付出、有心嘗試，學校也給予他們很大的發揮空間，因而出現了很多具特色且多元化的教學方式，例如音樂老師在課堂上教作曲、教不同樂器。葉老師當時是體育老師，因考慮到游泳對於學生來說是十分重要的技能，就聯絡柴灣泳池，安排小二學生提早吃午膳，然後去上游泳課。當時沒有泳池的學校很少會這樣大費周章為學生安排游泳課堂。也有教師選擇教授劍擊、武術、欖球、壁球等運動。這些由教師主導的多元化教學內容豐富了學生的學習經歷，教師同工也獲得滿足感，學校得以漸漸建立勇於嘗試、善於學習的文化。

學校憑着具前瞻性的辦學理念和勇於嘗試新教學法的幹勁，吸引了不少合拍的教師。小學首任校監陳淑玲指出，曾有老師入職後才去讀教育文憑，然後發現，大學講師提及在教育方面的改革，「自己正任教的港大同學會小學已一一實踐了。」

專業發展與「發燒友」

為了支持教師專業成長，教育基金一直以來都帶領及支援兩校的教師專業發展工作，十多年來通過在大專院校和教育界的廣泛網絡，邀請及安排了不同學科和領域的專家學者，來兩校主持講座和工作坊，或者安排當顧問，幫助教師學習及掌握不斷更新的教學法，督促他們與時俱進，或教導他們如何保持身心健康（如舉辦減壓工作坊）等。

小學開辦時，教育基金決定採用普通話教授中文，覺得這是改進學生語文的方法，但實行時卻缺乏適合的教師和教材。那時候，教育署有個內地與香港的教師交流計劃，可安排內地的專家來港駐校，協助老師備課及教學，為期一年。教育基金其中一位捐款者周太太以前在內地當過老師，並和上海教育局相熟，因知道我們需要普通話老師，便幫忙「搭線」，安排了華東師範大學一位講師來小學，協助培訓教師用普通話教學。另外，教育基金又邀請過上海特級老師張悦女士到訪，小學教師覺得張女士對語文教學有透徹的了解，亦能準確地捉摸兒童的心理，所以認為在與她合作教學時獲益良多。其後，小學的姊妹學校華東師範大學附小，也有語文老師來校交流並作短期培訓。

▲ 2014 年，時任香港大學校長馬斐森教授 (Prof. Mathieson) 蒞臨書院與學生對談

小學在教師培訓方面提供了全校性及分層次的在職培訓計劃。學校除了鼓勵老師參與教育局舉辦的培訓工作坊及講座，也會為他們組織員工發展日、專業發展課程、教學分享工作坊等訓練課程，至於中層教師、主任或校長等則會接受專業的行政人員培訓。校董會每年亦預留專項撥款，用於支持教師進修，他們可以申請長達五星期的帶薪停職進修，以尋求在不同方面精進教學工作。校方每年還會安排教師前往海外考察，與其他地區的學校和教師交流，例如小學教師團隊曾到北京的姊妹學校北京東高地第二小學作一星期交流，觀察當地的中文課堂，學習教授語文的技巧。

▲ 教師專業發展工作坊

▲ 小學師生到北京的姊妹學校交流，寄宿於當地學生家庭，更往訪歷史勝地及北京航天科技中心

▲ 2007 年前財政司司長梁錦松蒞臨小學擔任分享會主講嘉賓

教育基金鼓勵兩校在推動新教育方案時組織校內或海外培訓，為教師創造專業發展的機會。以教育基金推動及支持的正向教育 (Positive Education) 為例，教育基金成員與兩校校長和幾位教師一起，先後兩次前往澳洲的 Geelong Grammar School 考察和學習，更參訪有關學校，了解這套教育方案可以怎樣在課堂上實踐。第二次考察團陣容鼎盛，參與的包括教育基金成員李黃眉波、林樊潔芳、謝錦添、鮑慧兒，書院方面的陳馨、趙磊、陳善瑋，小學的葉昌銳、林子競、呂志成等。

落實發展正向教育後，兩校大部分教師都接受了由來自 Geelong Grammar School 附設的 Institute of Positive Education 的專業導師在本港進行為期三天的培訓，以便他們在同一基礎上充分認識正向教育，往後學校推行正向教育時就會更順暢。曾前往澳洲考察的教師也組成正向教育小組，協助其他同工熟悉新的教學理念，思考可以在哪些課程主題或教學中應用。

書院在定立新政策及推行新教育方案時，都必須依靠教師推動，因此學校的做法往往是由一羣教師「發燒友」先討論並試行新教學法，再尋求更多有興趣的教師加入，逐步推展開來。相關的專業發展培訓也是一樣分階段進行，由一些教師先接受培訓，其他人看到成效後，就會考慮一同參與了。

▲ 教育基金與兩校一班「發燒友」，前往澳洲考察和學習

另一方面，在教育基金推動及支持下，書院也同時發展哲學探究教學法 (Philosophical Inquiry)。教育基金成員和教師曾先後兩批前往考察 Geelong Grammar School，同時也探訪當地一些積極推動哲學探究教育的中小學，了解到這套教學法在澳洲推行十年後真實的課堂情況和學生表現。交流期間，教師已經在籌劃如何於書院實踐這套教學法。他們回港後再與其他同工分享，其後學校成立哲學探究小組，開始規劃相關課程，並於校內實踐及推動哲學探究教育。

兩校教師經常提及，學校是一個學習型組織，老師也要和大家一起成長。學校重視經驗分享和傳承，認為老師和學生一樣需要因材施教，有些教師成長步伐較快，有些走得較慢，於是他們便團結起來，彼此幫助。

▼ 教育基金成員與兩校大部份教師都參與正向教育培訓，出現「發燒友」傳染擴散情況

攜手追求進步

由於學校營造了開放和互相學習的文化，兩校教師團隊會互相支援，願意開放課室，邀請其他同工觀課。觀課也有助於發展跨學科學習，例如當觀課老師看到同工上課時使用某些教學工具或網上教學平台後，就會思考自己任教的科目是否也能用得上，像是語文類科目時常運用測驗平台（例如 QuizzLand、Quizizz 等）輔助教學，及時檢測學生是否掌握所學的知識，但是其實數學科教師也可以善用平台，讓學生以競爭形式搶答問題，增加教學趣味。教師通過觀課學到的不止在於工具層面，還包括教學管理，像是體育科的課堂管理方式便值得其他科組借鏡；體育科老師要在相對空曠的場地提出指令，要求學生專心聆聽，其他老師掌握了其指令技巧，也可以在課室裏運用。他們在這一科學到的東西，於那一科應用時，學生因為早已有類似的經歷，也更容易適應及接受。

兩校一直鼓勵教師不斷學習，提升專業水平。書院鼓勵教師寫教學日誌，並在推行不同教學嘗試時提供資源，教師也有機會與大專院校合作，搜集數據進行研究，檢視教學成效。小學也鼓勵教師反思並提升教學水平，學校曾出版《教師文集》，有系統地輯錄校長、各科老師，甚至圖書館主任、姐妹學校教師的文章，總結檢討各科於教學或不同教學嘗試的經驗和成效。《教師文集》也成為了同工以至外界的分享媒介，藉由文字紀錄推動不同範疇的教與學交流。

對於教師而言，作出改變、追求進步的路當然艱辛，但是面對周圍環境及社會對人才的需求轉變，教師也要作出配合，放棄不再適合的教學方式，與時並進。例如在推行電子學習時，起初部分老師不太熟悉如何使用平板電腦教學，也不知道要怎樣在課堂上應用，因此會感到畏懼。負責電子教學的團隊並沒有在一開始就要求教師改變教學方式，而是先向同工展示使用電子教學的好處，例如可令課堂變得更有效率和更有趣，又提供不同應用程式的使用指南、教學案例，並逐一跟各科組開會討論他們應用電子教學的方式。教師們都願意讓課堂變得更好，他們只要看到電子教學的目標和成效，就會不怕困難，願意主動學習。

提升教學質素

曾先後擔任小學和書院教務委員 (Academic Councillor) 的李伍淑嫻（退休官立中學校長），以往曾借調教育局做過督學等不同職位，例如在指標組參與設計四大範疇的表現指標（管理與組織、學與教、校風及學生支援、學生表現）及學校增值指標。她在兩校嘗試以督學 (Inspector) 角度去觀察，看過全部老師上課，並與老師分享優點和可以改善的空間。黃施露茜（退休中學校長）和其後繼任書院教務委員的梁兆強（前教育局官員），都先和李伍淑嫻一起觀課，大家都感受到和欣賞兩校老師的教學態度與努力。他們三人都多年參與教育基金的校務委員會，為改善學校的教學和管理提供意見；在這方面還有其他退休校長和副校長等的支援，包括張伯康、陳永平、孔祥齡、俞肇炎等。

▲ 前教育局副秘書長陳嘉琪博士曾參與推動中小學課程改革；她對教育基金辦特色學校甚為支持，並在 2010 年應邀出席教育基金十周年活動

在鼓勵教師追求進步的同時，兩校也致力優化學校管理，為教師減輕行政工作的壓力。曾擔任小學校監的林樊潔芳（前教育局官員）明白儘管教師在教學方面表現出色，卻不是每一位都同時擅長處理行政工作，可是香港的教師編制卻側重於教師在行政工作方面的表現。為了鼓勵教師在教學方面的發展，同時帶動小學提升整體團隊的專業質素，她提出修改教師編制，在經過與教師團隊商討後，加入了 "Master Teacher" 的職稱，鼓勵擅長行政及善於教學的教師在各自的領域有更好表現。

林樊潔芳認為，對於一個團隊來說，能力建設和管理人員的領導能力都十分重要，在 2017 年來到書院擔任校監之後，她加強了在這兩方面的教師培訓，希望加強教師團隊的凝聚力和領導力。學校邀聘了專家導師舉辦三日兩夜的調適性領導力 (Adaptive Leadership) 培訓課程，由校長至資深教師等管理層都要參與，用個案形式檢視每個人在處事待人和領導方面的深層次調適性特質，使大家加深了解，知道彼此有哪些不足，透過反思和學習，互相扶持及進步。學校在培訓過程中會為他們確立共同的領導力概念，這樣一講到領導能力，大家心中都有共同理論框架，知道說的是甚麼，加強溝通。正由於校內學習氣氛濃厚，在推行各項教學策略時，教師之間也會互相合作，工作暢順。

教育基金和學校對教師的關心，既體現在鼓勵他們發展專業所長、提供行政及培訓支援方面，也流露於一些不起眼的細節中。2020 年學校因新冠肺炎疫情停課，學校給一眾老師速遞了抗疫包裹，讓他們感受到學校的支持，與他們一同抗疫。在推動正向教育時，也十分關注教師團隊的身心健康，正向教育的覆蓋範圍包括老師，因為只有老師真正感受到正向精神的影響力，才能將之傳遞給學生。

小學老師葉昌銳：

以前在別的學校教體育，學校的文化較傳統，老師比較抗拒新的教學趨勢，不太願意改變。我不想將來像他們一樣，想尋找不一樣的學校任教。當時小學成立，在宣傳小冊子上看到學校的「四大基石」理念，覺得十分吸引，就去應聘了。面試時校長和校監令我很佩服，她們熱心、勤奮、關愛學生，影響了很多像她們一樣熱愛教育的年輕老師的心態和教學生涯。進入學校後，工作雖然極富挑戰，但是自由度很大，只要有心，就能改變舊有的教學方式，過程中校長等人也會提出建議及協助。我教學至今累積的所有東西都是學校提供的，像是各種教學及行政崗位讓我們發揮，又鼓勵我們在外面探索、到不同地方學習，也會請講者來學校分享。我因為擔任訓導主任而有機會學習法律相關的知識、參與禁毒講座，從這些培訓中尋找到比較好的教育方式。我很開心能在這間學校任教，19 年來，因為這份工作而有很大得着，自己的性格、想法也有所成長和改變。在這裏做老師，是我的福氣。

小學副校長黃衞宗：

加入小學時，自己尚是初出茅廬；當時學校教育理念是建立好了，但實踐初期卻難免感到很吃力。自己樂於繼續在此服務，有兩個原因。第一，學校奉行全人教育，且能付諸實行，例如在德、智、體、羣、美各方面投放了許多課時，可說是用盡了教育局所建議的時數上限，而在我到校第一年，更有幸到美國參加 Responsive Classroom 考察，可見小學實在是非常重視老師的栽培，至今依然。實踐辦學理念，可謂做到 "walk the talk"。第二，教育基金提出很明確的辦學方向，尤其是「四大基石」，當中包括學校與家庭的結合、學校與社會的結合。多年來，讓老師的工夫有更大的果效。記得多年前有家長曾提出，不願意子女參加社區服務，但當他們了解之後，不單止十分認同，更努力為之推廣，令阻力一變而為助力。所以，學校心繫「四大基石」這辦學宗旨，令自己在此工作很有使命感，方向明確，不易迷失，能與同工同心協力，將好的工作延續下去。

小學老師何少楓：

學校在教學上有不同的發展，這些經驗和想法都是教育基金、校長、老師等人看到外國或其他學校的做法，再自己嘗試研究出來的。全靠學校給予我們時間和空間，讓我們參與和發展不同的教學活動，我也有機會前往外國，看看在教育方面走得很前的學校是怎麼做的。老師們都相當專業，願意為學生着想，我們會坐下來一起商量怎樣在教學上、課堂上做得更好，減少學生學習時的困難。在學校，學生會跟老師打成一片，書院放假時，小學舊生也會回來找老師傾談、吃飯；師生氣氛融洽。

小學老師宋寶華：

在小學開始工作，其實是我第一次教小學生，所以覺得充滿挑戰。幸而學校氣氛和諧，同事十分幫忙，工作了一段時間後，看到學生達到真正的成長，不是為了考試而學習，讓我感到很開心，於是一直留了下來。小學的校園氣氛正面，學校不停嘗試新計劃，大家都理解和包容這種不斷嘗試再修正的風氣，因此一直走得很前，令我很欣賞。我自己也不再專注於某一科、某一堂課上，而會考慮整體課程規劃，視野更廣闊了。

小學老師林子競：

這裏其中一項吸引着我的是教師培訓，它在小學裏是一項受到重視的工作，因此我學到了很多當時先進的教育理念和教學法，而老師之間也有很多專業交流，讓我快速成長起來。隨後，學校更讓我前往美國和澳洲等地深造和跟當地學校交流，這些機會均讓我有更擴闊視野和衝擊。另一項吸引我的是，小學給我很多機會嘗試，由學生訓輔、特殊學習支援、生命教育、級統籌及班級經營等不同工作範疇裏，加深個人對教育和學生成長的宏觀看法，對我日後的工作有很重要的影響。這兩項吸引我在這裏工作的理由，體現了小學其中一塊重要辦學基石：愛心與專業的結合，在學校悉心的栽培下，讓我成為一位有自信心和更懂得與學生相處的老師。

書院辦公室職員嚴美嫺：

我是書院最早聘用的兩名職員之一，工作至今，現成為服務年期最長的員工。最初是清潔、出外送文件等等甚麼都做，及至書院啟用，事事都很在意，見學生走出馬路都很緊張，會加以提點，後來有學生真的出了意外，感受很深，更加着緊協助老師們做好有關防範工作。15 年過去了，目睹學校最初由甚麼都沒有，到現在是一所很具規模的書院，時間久了，很有感情，感謝教育基金每位人士都對我們很好，亦感謝幾任校長讓我一直在此工作！多年來看到書院上下同心引導小朋友，很有愛心。疫情期間更將功課、成績表、連同口罩等防疫物品寄給每一位學生，其實這些特別工作應接不暇，但大家齊心協力，事情都辦得妥妥當當。

書院老師余嘉寶：

我在 2014 年加入書院，這裏是我教學生涯當中最長的學校。書院給予老師很大自由度，管理層及辦學團體也提供了很大的支持及很多支援，無論老師有沒有開口，只要他們看到老師的需要，就會主動提出協助，一起討論、尋求資源及人脈。書院的教師團隊比較年輕，所以很有活力，會主動學習新的教學概念，為學生安排不同的活動，引發學生的學習興趣。大家都朝着同一個目標而努力，令我覺得很有歸屬感。

書院老師林祖鵬：

我被書院給予教師的自由度，以及學校對於教學質素的追求而打動，所以在十一年前來到這裏任教。直到現在，我依然覺得書院是一間有創新思維的學校，十分進取，持續追求進步。對老師來說，在這裏有很多事業發展機會，也能涉獵不同領域的工作。我在十年間負責過不同崗位，像是科目統籌、學年統籌、帶領 STEM 小組等等，從學生發展到學術教育，以至行政管理崗位，讓我的教師事業得到很大發展。

書院老師卓瑞倫：

我自書院建校時已開始任教。這裏的學生很有個性，不但不害怕老師，有時還會質疑老師的教學，因此一開始也要些時間適應，學習如何和學生共同成長，掌握對待不同學生的分寸。在書院的每天都要面對新的教學挑戰，雖然工作有辛苦的時候，卻也有很多彈性，要是提出想做點甚麼，學校基本上都會讓我去做，令人感到學校的信任，這讓我覺得很開心。

書院老師楊繼文：

以前在津貼學校任教，環境安穩，當時自己還年輕，很擔心在這樣的環境中沒有長進。那時候書院創辦不久，我相信直資學校有很大發展潛力，學校在資源調配、教學方面都有更大決定權，加上自己渴望轉變和挑戰，就來了任教。我很幸運，學校在不同時間給了我各種的機會和崗位，讓我漸漸在不同的領域有所發展：由學科統籌，到負責資訊科技相關的行政工作，再到加入校董會，不斷拓寬眼界，按部就班地成長。2008 年暑假，我便到了美國修讀教學相關的理論課程，令我大開眼界。

書院老師 Thair Mohammad：

在 2010 年加入書院之前，我才剛從香港大學畢業。學校擁有嶄新教育理念，對我來說很有挑戰性，教起書來覺得很有趣。到了現在，我仍然覺得設計課程是很有趣的事情，在書院上課不像傳統的教學方式那樣按計劃每天教兩頁課文，我是真的能在教學過程中看到自己能給學生帶來了甚麼。書院學生外向活躍，能言善道，也很有自信，不害怕犯錯，在課堂上向他們提問時，他們總會踴躍回應，這些都讓我感到很有成功感。

書院老師陳善瑋：

書院的教學方向正是我讀書時的研究方向，我很認同學校的教育理念，於是在 2016 年加入。這裏有很多很好的同事，一開始我沒有教學經驗，老師們作為我的導師，幫了我很多，容許我去嘗試、去犯錯。第二年學校開始推行哲學探究，我主動報名前往澳洲交流，期望嘗試創新的教學方法，幫助學生成為更好的人。有些人可能會覺得嘗試新東西很煩、很累，但是我很喜歡。這裏的學生熱愛學習、喜歡挑戰，只要提供機會，他們就能發揮所長。作為老師，我們也要和學生一樣，擁有成長型思維，因為主動作出新嘗試正是人們能變得更好的契機。

學校與家庭結合

- ★ 家長主導的「小棟樑計劃」
- ★ 溝通與協作
- ★ 家教會是重要助力
- ★ 家長教育活動

家校合作（Home-school Cooperation）強調家長與學校乃合作關係，雙方都是兒童成長路上的教育夥伴，均對孩子的學習和成長有重要影響。推動家校合作及加強家長教育正是教育改革的其中一項重要配合措施，而政府早在推行教育改革前的 1993 年已成立家庭及學校合作事宜委員會，促進學校推行家校合作。

教育基金「四大基石」的教育理念，其中一項正是「學校與家庭的結合」。教育基金認為，家庭和學校都會對學生的行為、品格發展和學習態度產生很大影響，而讓家長加入學校的學習社羣，投入及配合各種學校活動，他們就能全面了解學校的教育理念和發展進程，以及子女的學習環境。這也有助促進家長與教師和學生交流，從而提升學校的教學成效。在這個辦學理念下，兩間學校都視家長為緊密的主要夥伴，鼓勵他們積極參與學校事務，給予家長很多參與學校事務的機會，成功凝聚了一羣愛學校、愛學習的家長團隊。

▲ 故事爸媽傾情演出

家長主導的「小棟樑計劃」

港大同學會小學和書院從一開始便致力引導家長投入學校活動當中；正如小學校監羅鄧艷文引述非洲古諺："It takes a village to raise a child"。小一新生需要一段時間適應嶄新的校園環境、陌生的老師和同學，以及新的上課時間表，因此學校推出了「小棟樑計劃」，與家長合作，協助小一學生適應小學課程和新的老師、同學，順利渡過幼小銜接的階段。計劃主要由經培訓的家長導師精心設計各種遊戲，讓學生從中鍛煉人際社交、溝通和團隊合作能力，期間教師也可以觀察學生表現，對他們的個人特質有更多了解，使往後的教學更順暢。

在學生升上小一前的暑假及小一開學時，參加計劃的家長和教師要接受一系列培訓。家長工作坊由專業機構及大專院校的人員帶領，教授他們「從遊戲中學習」的理念，以及設計、帶領學生玩遊戲和遊戲後反思的技巧。開學後，小一學生每星期都要上一節「小棟樑計劃」單元課，合共八節。家長導師會在上課前討論課堂主題，設計不同的遊戲活動。在課堂上，他們分別擔任主持人和引導者，帶領學生一起遊戲，學習紀律、溝通、分組合作等的技巧。遊戲結束後，老師和家長導師會引導學生總結課堂上學到的東西，他們自己也會在課後反思，總結課堂上的經驗。

「小棟樑計劃」由家長主導，協助學生適應小學的校園生活，家長也能通過這樣的機會熟悉學校和子女的任教老師，對子女的班級情況有所了解，同時跟其他家長有了更多聯繫，方便往後的持續溝通。他們接受培訓後，還能掌握更多在子女教育和溝通方面的技巧，增進親子關係，獲得很大得着，因此每次活動都吸引了五、六十位新生家長報名。曾經參與計劃的梁太（梁湛聰媽媽）表示，「通過小棟樑計劃，我和孩子共同渡過了一段美好時光。兒子很快融入新環境，他很喜歡學校，在家的表現也活潑得多。看到兒子有那麼好的老師和同學，我感到非常高興。」

在班級經營時，學校也重視家長的參與，每班都設有「班父」、「班母」統籌校方與家長的溝通工作。小學由家長日到各種班級活動、親子閱讀計劃等活動，都會讓家長從旁協助。若家長選擇擔任家長義工，還可在學生午膳時協助派發午餐、照顧初小學生吃午飯，或在午休時為學生講故事，也可在圖書館協助整理圖書。學校在設計社區服務單元時，會邀請家長與子女一同參觀老人院等機構，服務有需要的人士。這些活動使家長得以參與子女的校園生活，和子女擁有大量共同回憶，也能和學校保持交流。小學首任校長陳梁淑貞更笑言，有家長因十分認同學校的教育理念，積極參與學校活動，後來甚至考取了教師文憑，來到小學任教。

▲ 參與小棟樑計劃的家長，穿上彩虹七色衣服，跟同學一起玩遊戲

午膳爸媽趣事多

郭堡鋒，郭逸晴家長 Angel Ip：

快樂的時間過得特別快！不知不覺，加入「港小」大家庭，已經有八年時間。作為全職媽媽，時間配合的話，會盡量抽空到學校幫忙。每到午餐時間，同學們總是特別興奮。午膳爸媽主要是協助班主任，鼓勵同學們不浪費食物。觀察所得，大部分小一生，較不喜歡吃蔬菜。偏偏學校規定，瓜菜要食清光，但南瓜、紅蘿蔔、合掌瓜吃不下，怎麼辦？港小學生的特色，創新思辨，解難能力高。在這情況便發揮出來了。曾經見過以下情境，將瓜菜埋藏在白飯底下。將瓜菜切碎，和醬汁伴勻。眼不見便吃清光，實在可愛。感謝家校合作，讓我能夠和小朋友一起成長。尤其見到當年要彎下身和他們對話的小一生，現已長得比我還要高，但同學依舊會記起我，會對我點頭打招呼。我實在很感動，孩子能好好吃飯，真的長大了。

溝通與協作

港大同學會書院從創校開始就着重與家長的溝通。第二任校長陳錦偉在辦一次家長晚會時，安排副校長陳永昌拿着結他上台，大家已感覺到學校不是只跟家長談子女的成績與操行，而是像家人一樣親切自然地關懷學生各方面。第三任校長葉天有亦與家長和學生關係很融洽，讓他們都感覺校長很親切。家長晚會亦按每級學生教育的需要，設有不同的晚會主題，例如中一的晚會是關於學生如何適應中學生活，中三的是選科秘訣，中六的是升學資訊。每年兩次家長日，全校家長將按十多個時段分配來校時間，每人有一小時，可與子女的全部任教老師見面，立體而全面地了解子女在不同老師眼中的表現。家長日於學期中段進行，不和學期末派發成績表掛鈎，因為學校覺得，家長和教師應該在

中期進行溝通，檢討學生的學習進程、了解彼此的反饋和建議，才能幫助學生在餘下的學習時段中有更好表現。

由於書院大部分學生來自小學，家長已熟悉學校開放互動的文化，因此來到書院後，他們依然積極參與家校活動，出席率一向相當高。有時家長甚至反過來成為了學生及學校的「老師」，向他們傳遞專業知識。小學不時邀請家長當中的專業人士，如金融專家、牙醫、社工等來學校與學生作分享；而書院在推行學生職業生涯活動「北極星師友計劃」時，也會邀請來自不同專業背景的畢業生家長擔任導師，引導學生思考職業發展路向。近年書院的升學講座亦邀請了在大學負責收生工作的學生家長作為嘉賓，為家長和學生介紹大學的收生程序和要求。

在家校溝通方面，現時學校每班都有由家長選出的家長班代表，並籌組自己班

▲ 書院家長之夜，結他傳情

別的 WhatsApp 羣組，由班代表作為橋樑，與學校及家教會溝通，反映家長的想法；學校若有事情通知家長，也可經家教會讓班代表發放，使家校溝通更密切和迅速。近年社會上不時出現突發事件，學校每每都能通過 WhatsApp 羣組第一時間通知家長最新安排，比傳統發通告和家長信的方式更便捷。家教會還為中一新生家長舉辦歡迎聚會，新生家長可以對學校和教師有更多了解。高年級家長也會參與聚會，協助解答新生家長的疑問，幫助他們更快地認識學校、融入學校。

書院家長 Monita Lor 表示，學校並沒有要求家長必須要做些甚麼，而是利用各種活動，提供機會讓家長了解學校、了解子女的讀書生活，跟他們共同成長。每次活動結束，學校都會向家教會了解家長的意見，思考可以怎樣做得再好一點。不是那麼多學校能像書院一樣，為家長提供不同形式的活動及發表意見的空間，讓她很欣賞。

正由於兩校建立了家校合作的良好基礎，在 2020 年新冠肺炎疫情期間，學校也能與家長保持聯繫，獲得家長幫忙督促學生學習，協助處理學生遇到的難題，例如解決學生在網上課堂的硬件問題。兩校亦為家長提供了生活方面的適切支援，校長開設了網上專欄「校長家書」及「校長隨筆」，與家長分享疫情期間學生學習時的注意事項。小學還為家長提供「抗疫小錦囊」及網上閱讀學會，緩解家長的緊張情緒。若家長有需要，學校更鼓勵他們帶子女回校放鬆一下，由校方提供平板電腦供學生網上學習，以免他們長期困在家中，累積負面情緒。家長們一致認為學校在遇到突發事件時能夠迅速回應，及時和他們溝通並提供協助。

家教會是重要助力

兩校家長十分團結，家教會籌劃了很多活動，在促進家校合作方面發揮了很大影響力。書院的家長會設有五個小組，分別為關注學生福利（例如監察為學生提供服務的機構之質素和表現，像是小食部、校巴公司等）；策劃親子活動（例如舉行郊外行山、特色親子旅行等）；促進家校溝通（例如家教會在每班都設有家長代表，為家長與學校傳遞訊息）；策劃親子社會服務活動（例如親子探訪流浪狗之家等）；家長教育組（安排不同的講座和訓練課程，讓家長參與）。這五個小組的關注方向，也反映了兩校家教會的工作重點。

小學在成立家教會後，校方便將為學生派發午飯、規劃校巴路線等工作交由家教會接手。兩校家長承擔了校巴、小食部、校服等學生服務的投標、監察工作，如書院家教會便定期組織家長自費試吃學生的午飯和小食，再提交報告，向小食部管理人員反映在食物質素方面的意見和改善建議。家長為學校提供的行政支援，讓教師有更多時間專注於學生的教育和關顧工作上。

家教會也會主動策劃及安排不同形式的親子活動和社會服務活動。小學家教會每年都會在「學習成果展示會談」當日舉行校服捐贈活動，預先收集大量二手校服，分門別類整理好，再在當天讓有需要的家長領取。書院家教會則有兩大重點活動，分別是：組織家長義工，在中國人最重視的農曆新年前為全校煎年糕、蘿蔔糕，以及在元宵節煮湯圓。書院校長陳馨便曾參與其中，烹調家鄉菜的上海美食。家長精心準備的節慶食物，讓學校充滿了節日氣氛。除了應節食物，家教會還會安排諸如以毛筆寫揮春、舞龍舞獅等活動，氣氛熱烈，連外籍老師也會拿起毛筆嘗試寫揮春。除此之外，家教會不時安排聚餐、外遊活動，讓家長與子女一同參與，留下美好回憶，家長也能和其他家長及老師保持聯繫，有更多交流機會。書院前校長葉天有對行山有濃厚的興趣，所以參加了家教會組織的行山活動。

學校與家教會有時也會合作組織活動。小學與家教會每年都會合辦「生命教育劇場」，以舞台劇的形式傳遞正向主題。家長更一手包辦舞台劇的劇本、道具、音樂等的準備工作，並與學生共同登台演出。在 2019 年小學新翼籌款期間，小學與家教會合作籌辦為期兩天的「陽光校園」嘉年華，在課室開設各種遊戲、義賣攤位，家長精心設計親子小遊戲、製作或捐出物品義賣，為興建新翼募集善款。

現時家教會於舉行活動前會在 WhatsApp 羣組募集家長義工，經常有超過預期的家長參與，報名人數多得需要抽籤決定，可見兩校家長對學校的認同，願意積極為學校出力，將活動做得更好。書院副校長陳永昌長期擔任家教會副主席，負責與家長的聯繫工作。他覺得學校家長們都有學識和人生經驗，對學校有較高期望，但亦甚為關心學校，願意花時間協助舉辦及積極參與學校的學生和家教會的活動。

家長教育活動

教育基金的家長教育工作小組多年來舉辦了家長教育工作坊系列，邀請了各方的專家學者為兩校和其他家長演講，題材包括如何促進兒童情緒能力發展，正向教育從幼稚園到中學實踐經驗分享，遊戲中學習與優質教育的關係等等。該委員會近年的成員包括戴健文（前香港電台官員）、葉曾翠卿（前教育局官員）、李黃眉波、喬偉鋒（商界）、梁家祐（財經界）等。

小學家教會設有「家長學堂」，由不同的教育專家分享孩子成長路上的注意事項，還建立了「相聚黃昏後」和「輕輕鬆鬆兩個鐘」平台，讓家長就着他們關心的議題互相分享、彼此支持。書院家教會則在每年開學後邀請家長回校交流，由高年級學生家長向低年級學生家長分享子女在成長、讀書時的經歷，還會邀請校長分享學校的最新教學政策。這是十分受低年級家長歡迎的活動，因為他們甚麼都想了解，也不知道有甚麼途徑去問，通過分享會就能解決他們面對的難題，因此很多家長都會出席。

在推行新的教學政策時，學校也十分尊重家長的想法，積極與他們交流，尋求理解和支持小學在 2016 年開始推行「正向教育」，期間不斷與家長溝通，並在家教會刊物《港同心》上介紹及解釋實行正向教育的原因。學校又連續多年為家長舉辦家長學堂、正向教育家長工作坊等，邀請正向教育領域的專業導師主講，讓家長進一步認識正向教育和 24 個性格強項，與子女共同學習，共同成長。

曾參與工作坊的家長 Catherine Leung 表示，「無論大人和小朋友也需要不斷學習，不斷進步。感恩學校推行正向教育，令我們一班好學的家長和學生有機會從不同的角度學習做人和教養兒童的方法，得益不少。從課堂中，看到校長和老師也有上課和朝着同一個方向去教導孩子，我們既感激又感動。我很慶幸可以參加一系列的正向教育家長學堂，生動的導師用有趣真實例子和卡通動畫，讓我們了解大人和小朋友的性格強項，認識真正的快樂……教養孩子令家長認識自己，衷心感謝學校給我們一班家長進步的機會。」

▲ 家長教師會發揮正能量：親子同樂笑盈「營」

籌備了半年的會章——
小學的臨時家教會

在港大同學會小學創校後，家教會是怎樣成立的呢？根據首屆家教會主席梁永生表示，他和家長們為了協助子女投入學習環境、幫助校園發展，便加入了臨時家教會，籌備正式成立家教會的相關工作，像是委員選舉、制定會章等。萬事起頭難，僅僅擬訂會章便花了近半年的時間，因為沒有任何章程依循，他們只能想辦法參考其他學校甚至子女幼稚園家教會會章，再配合小學的教育理念，不斷討論、修改。而在家教會正式成立後，制定校巴路線等工作也引發各種意見，他們要協調不同家長與學生的需要，以學生的福祉為依歸，才能達至各方滿意的結果。當時家教會與校方緊密溝通，每隔一、兩星期便要開會，會議甚至持續到夜深，十分辛苦。正由於一羣早期家教會成員的付出，為學校和家長建立了有效的溝通橋樑，有助校方往後推動更多的家校合作及家長教育活動。

前校監的感受

小學前校監黃啟民認為自己的主要責任在於確保學校落實教育基金的辦學理念。他還記得，每年農曆新年學校都會舉行攤位活動，宣揚中國傳統文化。一次他參加活動時，有兩位家長興奮地衝過來，甚至想擁抱他，原來是因為他們的子女在小學讀得很開心，也學到了很多東西，學費也不貴，令他們心存感激。為着了解家長的想法，黃啟民經常上網瀏覽家長常訪的網站，有時發現他人對小學有疑問，隨即就會看到小學家長回覆解惑，對小學充滿讚許。黃啟民坦言，教育基金最初辦校時憑着創新理念獲得很多家長信任支持，也帶來無形的壓力，促使他們要努力達到目標，每次看到家長正面的回饋，都令他十分開心，覺得更有動力去支持。

不一樣的班級經營經歷

小學老師林子競：

記得有一班的三和四年級是我其中最深印象的一屆，家長們似乎都對於孩子的成長萬般用心，很積極參與他們的成長活動。在三年級的時候正值是學校推廣正向教育的起步階段，在這時期老師們都是摸着石頭過河般的試驗當中的理論或策略，而我和另一位班主任也發現這班學生較被動，不太積極或勇敢嘗試承擔一些工作或責任。後來了解到他們是擔心自己出錯或令班主任失望而不作承擔，與拍檔討論後我們仿傚一些外國經驗，設計了一天的活動讓他們建立信心和營造成長性思維 (Growth Mindset) 的氛圍。當家長們知道我們的想法後，便毫不猶豫地回來跟我們一起討論和想點子。家長們設計了有關煮食、藝術創作及舞蹈讓學生參與。除了擔任活動的設計及帶領工作外，家長們還擔任輔導員，他們在活動的完結部分把學生分組分享當天的經歷和感受，並嘗試引導他們欣賞自己和別人的能力和表現。到了四年級，我和拍檔希望讓學生有更多義務工作的體驗，培養他們關懷和服務別人之心，家長們知道後便四出搜羅合適的義務工作服務機構予我倆選擇，最後我們選擇了到街市執拾賣剩的蔬菜、到麵包舖收集賣剩的麵包和到志願機構協助派飯。雖然體驗次數還不是太多，但家長們能在百忙中抽空協助我倆實現與學生一起的經歷，實屬寶貴。

家長校董的參與

多年來有不少學生家長透過家長選舉參與，為學校發展盡自己的努力。對於一眾家長校董或替代家長校董而言，每當被問到加入校董會的感受，他們不約而同地謙虛回應：「校董會裏有很多能人，我們學到了很多東西。」其實不少家長具有管理和專業等才能，對學校辦學宗旨和理念等都有深入認識，在子女畢業後，也有被邀請出任獨立校董，延續與學校的連繫，為學校發展協力。

書院家長校董 Audrey Loh、Monita Lor 都認為，家長校董在校董會擔任的角色就像是學校與家長之間的橋樑，他們聆聽並學習各個專業人士提出的建議和處事方式，同時以家長的角度提出意見，或向校董會反映自己平日觀察到的學生情況。在校董會定下學校未來的發展方向時，家長校董也能協助學校將訊息清楚傳達予家教會及家長。Audrey Loh 補充說，校董會裏有來自不同界別的業界精英，像是教授、工程師、企業高層主管等，他們大部分的子女其實並沒有在兩校就讀，但是仍為了學校及學生發展盡心盡力，分享很多想法和經驗，投入很多資源和時間推進各種改革，幫助學校進步。哪怕是在週末夜晚，只要有人在校董會 WhatsApp 羣組裏提出問題，也會有人馬上回應，令他們這些家長校董十分感動，能與一羣能幹的人相處，是寶貴的學習機會。

擔任替代家長校董的書院家長 Sam Chan 表示，校董會各人都熱心於學校的教與學發展，考慮得十分仔細，令他很是敬佩。他又指出，一些資訊由家長來發放，其他家長也會更容易接受和願意表達自己的想法，學校因而有機會聽到來自多角度的家長聲音。無論小學還是書院都重視家長的意見，令家長們十分欣賞。

小學家長校董 Angel Ip 坦言，在加入校董會後，感到有一定壓力。然而她一直獲得鼓勵和有充分的發言機會，於是她盡力反映家長的心聲和需求，從一次又一次會議中學習，讓她感到很開心。

5 多方面檢視
辦學效能

- ★ 重視對辦學成果的檢視
- ★ 注重數據分析
- ★ 成績與升學
- ★ 畢業生選擇自己的道路

教育是以人培育人的事業，一間學校的教學質素與成效，影響的不單是學校的未來發展，更關乎無數學子的個人成長與社會的未來。人們往往着眼於學校在各種公開評估及考試的成績表現，來判斷其辦學團體的辦學成果，但這些成績只反映了學生的學術水平，他們的實際學習能力、價值觀和態度方面的表現其實更加需要關注。

教育統籌委員會於 1999 年提出教育制度檢討時提出總體教育目標：「讓每個人在德、智、體、羣、美各方面都有全面而具個性的發展，使其一生能不斷自學、思考、探索、創新和應變，有充分的自信、合羣的精神，願意為社會的繁榮、進步、自由和民主不斷努力，為國家和世界的前途作出貢獻。」

重視對辦學成果的檢視

教育基金前副主席朱裕倫經常提出一個問題：如何量度辦學的輸出 (output) 和結果 (outcome) 是否成功？這是教育基金長期關注和探討的問題。

港大同學會小學及書院以培育 21 世紀人才為目標，兩校除了根據公開評核的成績來評估教學質素，也會通過各種問卷、各科組的定期檢視工作、數據分析等，來檢討教與學成效，學校發展能否達至「四大基石」的理念，以及校園環境、學生個人成長、學校管理方面是否符合預期。此外，兩校學生的性格特質、他們的升學就業取向，以及家長的

▼ 2010 年時任教育局副局長陳維安訪問書院，
了解到書院的迅速發展

看法，皆反映了學校多年來的辦學成果和對學生帶來的影響。在接受教育局的校外評核，以及在家長、教職員間進行持份者問卷調查的同時，學校上下也會定期檢討，為學校各方面的表現作整體評估，反思教學上需要改善的地方。

兩校重視在整個教學、學生活動等方面的事先規劃和事後檢討。學校按教育局規定制定三年發展計劃和周年發展計劃，以規劃發展方向。這些不是紙上談兵的空頭文件，而會落實到全校大大小小的工作，以及各科、各小組、各班的班級經營上，到了學期末也有全體檢討大會檢視工作進度及表現。這些規劃工作很花時間，卻十分重要，通過搜集各種數據、師生家長的意見，學校才能更準確地評估教學成果，及時調整或更新教學方向和目標。各科組也會定期檢視工作進展，協調教學內容及進度。在推行不同的教學方法時，學校會成立相關的教師小組，專責所屬教學方式的推行、協調及檢討工作，同時幫助及教育更多老師認識新的教學方式。學校還通過各種校本問卷及時向老師、學生及家長了解他們對於新教學法的意見，以便作出相應調整。

教育基金亦通過校監和辦學團體校董，定期檢視學校的教學成效，在有需要時還設立了專責小組，給予學校支援，例如成立了兩校中文教育組，協調兩校的中文教學銜接工作，及尋求提升學生中文能力的有效策略和方法。2020 年 11 月，教育基金舉行一場內部的教育論壇，邀請教育基金成員，兩校校董會、管理層和教師，共同回顧及探討學校的願景與未來發展，眾人集思廣益，分享了很多富啟發性的想法，為學校將來的發展指引了一些方向。

檢視學與教成效固然重要，但是也不能忽略學校校風、學生個人成長、學校行政管理方面的發展。小學在創辦初期已經為每位學生提供一份報告，當中除了評估分數，還包括學生於學習上需要注意的地方和任教老師的評語，如在品格方面的表現、責任心等，學生的全部任教老師都會參與準備報告的工作，撰寫他們對學生的觀察和想法。這既是學生的「成績表」，也能讓教師團隊檢討對個別學生的教學成效。學生還要準備「優秀作品學習檔案」，將自己做得好的作品存檔並填寫反思表，於家長日或學習成果展上展示優秀作品，從而培養他們自我檢討及反思的習慣。學校還會通過問卷及老師觀察，檢視學生的身心靈健康和社交發展，例如校方觀察到在推行正向教育後，學生的負面情緒確實得到改善，他們懂得更為正面地面對學習及人際交往的挑戰，校園氣氛也更開心了。

教育基金作為一所提倡整體學習體驗、重視品格發展和鼓勵學術卓越的教育機構，特別設立了「香港大學畢業同學會教育基金傑出學生獎」，每年頒授予表現出有全面學習成就、展現領導才能、熱心服務學校和社區，並為其他學生樹立榜樣的書院中六畢業生。評選準則包括學術成果、非學術成就、領導能力、對學校及校外的貢獻和個人特質，同時是品格優秀，表現出美德和模範行為。

2012 年，適逢小學創校十周年，是適當時候檢視學校的發展和效能，時任校監林樊潔芳邀請了英國劍橋大學的知名教授 Maurice Galton 到訪小學進行評估，他於報告中指出：「這是一所很好的學校，即使與英國大多數小學，甚至是那些創意學校相比也有優異的表現。校內能力較高的學生之英語水平與以英文為教學語言的學校或香港其他國際學校的學生相若。」這反映小學的教學成效獲得國際認同。

注重數據分析

兩校重視數據分析，會收集學生的各項數據以判斷他們的學習成效。小學在評核學生於基礎學科的水平時，會以小三學生參與的全港性系統評估 (TSA)，以及學生升中時提交的入學呈分試成績，

▲ 自 2012 年起，設立「香港大學畢業同學會教育基金傑出學生獎」，每年均由教育基金主席頒發

▼ 歷年獲獎同學名字永鑄盾牌上

作為客觀評估標準。書院則會收集中一收生資料、學生的入學呈分試成績、中三 TSA 成績、文憑試成績、文憑試增值數據、大學升學數據等，再作詳盡分析，檢視在哪些教學方面可以做得更好；其中入學呈分試成績反映學生在小學階段的中、英、數表現，與中三 TSA 成績對比，可看到學生經過三年初中學習後於中、英、數三科的達標程度。

至於文憑試增值數據，則是將曾參與全港中一派位學生的中一入學前香港學科測驗（Pre-S1）評分，與學生在中六應考文憑試的成績作對比，看書院學生的數值與全香港學生相比是進步了、退步了，抑或維持不變。增值數字的高低反映學生於全港學生中的成績排位，若學生在中一入學時的成績排在全港學生中游，而在文憑試時的成績位於全港學生上游，即出現增值，表示他們經過中學學習，成績較小學時確實得到提升。書院十分重視增值數據，因文憑試成績高低並不能完全反映學生的學習能力是否有所進步，唯有與升中時的成績作比對，才能清楚看到學生在六年中學生涯後，學習能力是否有所提升，從而準確評估學校在教與學方面的表現及學生的學習成效。

成績與升學

書院創校至今已培養了九屆畢業生，他們在文憑試的表現一直亮眼。2015年，學生郭俊勤、譚樂敏考取七科 5**，取得全港最優秀成績。盧思齊、樊文翰，以及李君豪、容龍子，分別於 2018 年、2020 年考取六科 5**。2021 年考獲五科 5** 和一科 5* 的邱卓鋒；還有好幾位同學考獲幾科 5**、幾科 5* 等的佳績。

學生在公開考試的出色表現，令他們不少人都能得到理想的升學出路。近年書院有 50% 以上的學生升讀三大（即香港大學、香港中文大學、香港科技大學），每年也有約四分之一學生選擇前赴海外進修，不少還能升讀外國的頂級大學，如英國的牛津大學、劍橋大學等，以及獲得獎學金。學生在海外升學的出色表現，也反映了書院培養學生全人發展及社會服務等方面的成效。海外頂尖院校在收生時除了考慮成績，還要綜合評估學生的個人素養，以及院校對學生所讀中學的認識，來判斷對方升讀大學後的表現。由於書院學生在報考外國大學時表現不錯，不少院校都為港大同學會書院建立了良好的升學檔案，

往後書院學生再報考該些院校時也更有優勢。近年來，連續幾年的 Grantham Scholars of the Year 都由書院學生取得，包括 Verity Tam、Cheng Cheuk Hei、Cheung Hiu Sum Rina、Chung Ho Lam Colin 和 Tze Hiu Yan。另外取得其他獎學金計有 Multi-faceted Excellence Scholarship 的 Kan Yik Hei Natalie、Leung Ka Ching; Hong Kong Scholarship for Excellence Scheme 的 Fan Man Hon; Hong Kong Outstanding Students Award 的 Jason Bootwala; SCMP Sportsperson 的 Lai Hiu Long，以及 Harvard Book Prize Scholarship 的 Ariel Chen 等。

畢業生選擇自己的道路

然而，最令學校感到自豪的，是學生在學術成績以外所展現的獨立思考能力和願意為社會大眾付出的關愛精神。在 2008 年文憑試取得優異成績的盧思齊，一反文憑試優異生偏愛選擇醫科及法律系的「傳統」，選擇了自己更喜愛的商科。她的同學鍾灝林則選擇投身醫學科研，為的不是薪水或專業地位，而是因為他經常到醫院做義工，期望將

來能幫助更多病人減輕痛苦。舊生陳樂曦於文憑試考獲優異成績，更獲香港大學醫學院取錄，卻放棄了熱門科目，選擇前赴英國倫敦大學學院（University College London）修讀人類學，畢業後還回到書院任教人文學科，期望將中學時有趣的上課經歷帶給學弟、學妹們。與陳樂曦同屆的李楠軒則以同樣頂尖成績進入英國牛津大學攻讀歷史，因為研究歷史最符合他的個人志向。他們為了個人理想和信念，毅然挑選更符合自己志向及興趣的道路，所展現的正正是教育基金和學校一直期望培養的學生模樣。

兩校培養的學生身上都帶有鮮明特質，令人印象深刻。在 2015 年小學的校外評核報告指出，「學校敢於創新，能因應學生的能力和需要，靈活地組織課程，為學生提供廣闊均衡的學習經歷，並讓他們從體驗中學習，發展多元潛能……在學校悉心栽培下，學生活潑、好學、自信，享受校園生活，主動性強，具濃厚的學習興趣，樂於探究，引證學校上下的努力。」

在 2019 年書院的校外評核報告中，也有這樣的描述：「學校具前瞻性，在有效的領導下，成功培養學生的國際視野和出色的學術表現。」根據本地大學收生部門人士反映，書院的學生很有活

力、善於學習。他們在大學上課時總
愛坐在講台前的第一行，也善於和同學
溝通，擅長組織小組項目。也有老師指
出，自己的朋友在招聘時遇到書院畢
業生面試，發現對方能説會道，富有想
法，還具備領導才能，令人十分欣賞。

▼ 教育基金和兩校一直致力培養有個人理想和
　服務社會信念的新一代

6 辦學團體與學校的治理

★ 教育基金的宗旨

★ 眾志成城

★ 良好的財務管理

★ 辦學團體與學校的關係

教育基金成立十周年時 (2010 年)，管理委員會 (Executive Committee) 舉行了一連串內部會議和研討會，參加者有會員、兩校的校董、以及獲邀請的朋友和專家們，目的是回顧過去十年 (2000-2010 年) 的辦學經驗及展望未來，最後成為 Blueprint on the Way Forward 的文件。到了 20 年後的今天 (2021 年)，由現屆主席謝錦添和副主席吳瀚領導的一個專責小組，正在草擬教育基金的約章 (Charter) 與行為守則 (Code of Conduct) 的正式文件，希望在會員大會通過後，成為教育基金以後持續發展的有指導性的管治「契約」。

▲ 2010 年教育基金舉辦第二次教育樞紐圓桌會議

▲ 2009 年教育基金舉辦教育樞紐與教育產業圓桌會議

教育基金的宗旨

按照上述的文件，教育基金的宗旨為：

- 支援兩所學校培育一個溫暖、關愛和有活力的教學環境；

- 支援學生擴闊視野，幫助學生為實現人生期望而打好基礎，培養良好公民和未來的社會棟樑；

- 建立及運用社會網絡去支援學生在學校的學習；

- 促進與其他學校的教學經驗分享；

- 參與香港的教育討論，提出有關教育政策和議題的意見，以使為香港的教育發展作出貢獻；

- 參與有關教育的項目。

眾志成城

學校事務一直是教育基金管理委員會 (Executive Committee) 定期會議所討論的主要議題，但為了促使教育基金作為一個慈善團體有良好的專業管理，也為了推動和促進兩校的發展工作，管理委員會之下設有財務、投資、會員、教育發展和對外事務的常設小組委員會 (sub-committees)，以及一些專項工作小組 (working group, taskforces, project teams)，例如兩校銜接小組、家長教育組、P4C 小組、兩校中文教育組、LEAP 小組、ABLE 小組等。

2018 至 2020 年，會員事務委員會的成員，包括召集人吳瀚（科技界）、副召集人吳國豪（商界）、盧志明（商界）、陳嘉展（商界）、黃傳輝（商界）等人，與時任教育基金主席李黃眉波（法律界）合作，在教育基金名譽法律顧問陳偉國律師的協助下，完成了修改組織章程 (Articles of Association) 的工作；其目的是教育基金為了持續發展的考慮，進一步完善附屬會員及會員的入會機制，並增設「會籍審核委員會」(Membership Vetting Committee)，在擴大會員基礎的同時保持教育基金的願景和使命。會員事務委員會希望鼓勵和吸引擁有共同想法和願景的朋友加入教育基金，一同促進香港的教育發展，讓我們的下一代為應對 21 世紀全球化世界的環境、社會和經濟挑戰做好充分的準備。

良好的財務管理

籌辦學校及持續支持教育基金與學校的運作和發展，都需要良好的財務管理。教育基金首任司庫蔡秀煜並非從事教育行業，但也和其他同學會會員一樣，對那時香港的教育狀況感到擔憂，因此也一起參與辦學，而那時在教育基金內部能負責財務方面工作的人不多，蔡秀煜便承擔起這方面的事務，並在擔任主席後，陸續邀請任職財務主管的即將或剛退休的朋友加入。例如在 2006 年加入教育基金，歷四位主席任期，至今服務十五年的簡嘉翰（財務主管），曾相繼擔任書院和教育基金的司庫、以及教育基金財務委員會與投資委員會召集人，與歷任 / 現任兩間學校司庫和上述兩個委員會的成員一起，在管理三個機構的財務、制訂穩健財務策略、建立學費調整機制、維持基金有一定的投資回報率等方面，都做了大量工作。曾多年參與及作為教育基金和兩校的司庫、或 / 及教育基金財務委員會與投資委員會成員包括商界和財經界的張允言、葉錦強、陳鎮榮、羅霈良、郭國全、趙鳳儀、梁家祐、謝炳權、黃耀傑、麥創勤等。

辦學團體與學校的關係

教育基金作為辦學團體，當然要監督兩間贊助學校要按照其辦學理念去辦學，並依照教育法例委任校監和辦學團體校董，及通過他們去保證辦學理念的落實及學校的恰當管治；教育基金亦派遣代表參加校董會委任的校長遴選委員會。另外，教育基金由於有廣泛的社會網絡，特別在學校的管治和行政管理方面，推薦及委派不少有豐富經驗的各行各業的人士，去加入校董會及其屬下的委員會，例如任學校司庫和辦學團體校董，及加入學校的財務委員會、人力資源委員會、管治檢查委員會、興建校舍新翼委員會、工程建設小組、危機處理小組等。這主要是為了減輕校長和教師在行政管理方面的工作壓力，以便他們能夠專注於教學和學生成長工作，也同時協助學校提升其管治和管理的專業水平。教育基金歷任主席楊佰成、蔡秀煜、盧李愛蓮、李黃眉波和謝錦添以及管理委員會其他成員都陸續作出了很大的努力，物色及邀請各方朋友參與教育基金和學校的義務工作。

教育基金基本上不會介入學校的日常運作和課堂教學，但如學校要推行新開展的項目和計劃，就會在財政上和人力資源等方面協助，例如第三章提到的「北極星師友計劃」、正向教育、哲學探究教學法及 ABLE。在特定情況下，教育基金也會對學校提供適當的支持、協助和參與，包括在協調兩校課程和教學銜接、當學校面對重大挑戰或遇到異常情況、以及教育局對辦學團體的新指令等方面；例如在處理兩校的傳訊和公共事務時，教育基金對外事務小組委員會成員戴健文和文灼非等就會提供協助，而在教育局最近明令全港學校推行國家安全教育時，教育基金就立即按要求成立相關督導小組。

教育基金與兩間學校在學校發展各方面的密切關係，將在第三章詳述。

▲ 辦學團體管理委員會、校監、校長與校董合作無間

新世紀的
教育探索

1 明德惟志、生命
教育與正向教育

- ★ 明明德 ── 培養正確價值觀
- ★ 小學多元化的生命教育
- ★ 引進及建構正向教育
- ★ 書院跨學科全校推行正向教育
- ★ 充滿關愛的校園文化

2000 年，教育局提出教育制度改革，於課程改革的四大關鍵項目中，其中一項就是「推行德育及公民教育」[4]。教育局後來把德育、公民及國民教育統稱為價值觀教育，期望學校藉由不同學習領域的學與教或其他學習經歷，以生活化的題材，培養學生九種正面的價值觀和態度（堅毅、尊重他人、責任感、國民身份認同、承擔精神、誠信、關愛、守法、同理心），從而幫助他們在成長的不同階段，當遇上難題的時候，懂得辨識當中涉及的價值觀，作出客觀分析和合理的判斷，並付諸實踐，以面對未來生活上種種的挑戰。

價值觀不在既定課程之中，教育局也只指引了每個學習階段大致的教學期望和課程設計方向，因此學校在教學或學校活動中融入相關教育元素時需要有清晰規劃。

明明德——培養正確價值觀

教育基金秉承港大的「明德格物」校訓，採納了單周堯教授提議以「明德惟志、格物惟勤」作為兩校的校訓。正如單教授親臨書院時向全體師生解說：明

明德，即弘揚光明正大的德性，立心於明德親民，百年廣育英材，樹人樹木。教育基金認為教育事業以培育下一代的德行為先，這亦是中華文化的教育理念，因此由創辦兩校開始，就高度重視培養學生的正確人生觀和價值觀，督促兩校做好德育、公民及國民教育，統稱為價值觀教育。

小學創校初期在教育基金成立的學校管理委員會的督導下，便十分重視學生的品格和德育，期望為他們塑造健全的人格、正確價值觀、良好的社羣關係，同時發揮潛能，確立人生方向，在校園中愉快成長。校內設有「個人及社交成長與輔導委員會」，轄下的三個小組：「生命教育小組」、「訓育及輔導小組」和「支援有特殊教育需要或情緒行為問題小組」，專責學生個人成長方面的工作。三個小組代表了學校推行生命教育的三大方向：1) 全校性的生命教育活動，如社區服務單元課、愛心活動日、「愛心小天使」計劃等；2) 面向班級的班級經營和正向訓輔工作；3) 針對個別學生需要的輔助措施，因應學生能力分組教學、為學生提供心理或社交方面的協助等。

小學多元化的生命教育

小學由創校開始，就透過多元化的模式推行生命教育。以下是幾個方面的說明：

正向訓育

學校的訓育工作以正向訓育理念培養學生的自我管理能力及對社會的責任感。面對違規學生，老師不會想着如何處分，而會引導他們自我反思，思考為甚麼做錯了，理解自己的錯處後，就能減少不恰當的行為。即使真的需要責備學生，老師也只會針對事情，而不是針對某個學生的性格特質。學校提供了不同的獎勵計劃，包括學術及非學術兩大類別，包括傑出品德獎、學業卓越獎、熱心服務獎、閱讀飛躍獎等，鼓勵學生在學業及個人發展方面持續追求進步。

校方認為，正向訓育指的不單是學生正面應對生活及學習挑戰的能力，還包括待人處事及面對衝突的能力。校內的風紀被稱為「好學兄／好學姊」，他們既要協助學校維持秩序，也會為同學服務。學校為「好學兄／好學姊」提供各種培訓，教授與人溝通、解決困難和處理違規行為的技巧，培養他們的領導才能。他們也能成為其他同學的榜樣，有助建立和諧愉快的校園環境。

▼ 小學校內的風紀被稱為「好學兄／好學姊」

社區服務單元課

「學校與社會結合」是教育基金「四大基石」之一。小學的社區服務單元課是一直以來大獲家長好評的課程之一；它是一套有系統的螺旋式課程，因應學生成長階段的發展和需要，讓他們走出課室，獲得真實而有意義的社區服務體驗，目標是：學生藉着社區服務，能夠學習思別人所思、提升共通能力和自信心，並建立正面的價值觀和公民意識，以迎接日後不同的挑戰。

曾參與設計及任教課程的黃衛宗副校長和梁肇華老師更因此獲得 2014/2015「行政長官卓越教學獎——德育及公民教育範疇」的嘉許，讚揚他們「規劃『社區服務課程』，循序漸進地提高學生公民意識及培育正面的價值觀和態度。」正如兩位老師所説：「有效的德育及公民教育需要學生親身體驗和從實踐中學習。」

學生在小二時要先認識家庭結構和家中各成員的角色，同時經由參觀老人院舍等活動初步接觸社區，培養關愛之心。到了小三至小五的階段，則會安排到不同機構服務：小三時探索社區需要並向區議員匯報，小四時認識殘疾人士，小五時了解視障人士的生活等。小四學生便因為單元課而有了坐輪椅的機會，親身體驗殘疾人士的日常出行有多麼不便。主動為殘疾人士推輪椅卻遭拒絕的

經歷，也讓他們明白，殘疾人士同樣需要他人尊重自己的獨立性。這些經歷令他們逐漸建立同理心，懂得考慮他人感受。

到了小六，學生則要完成「自發社區服務計劃」，綜合以往的學習和經歷，自己策劃組織一項社區服務活動。他們要自行訂定服務計劃、聯絡機構、提供服務，老師只會從旁協助。服務計劃五花八門，有的學生選擇到老人院舍陪伴長者；有的選擇回到以前的幼稚園清潔課室；有的提議與愛護動物組織合作，安排同學照顧被遺棄的小動物；還有學生提出動員全校學生捐贈食物予有需要的人。學生的服務意識開始萌芽，並懂得將想法化作具體行動，養成主動服務社區的熱情和完成目標的堅毅精神。

其他全校性的生命教育活動還包括各種「關愛行動」，例如在「愛心活動日」，學生外出探訪不同的慈善機構，為長者、殘疾人士等表演。

▲ 「愛心活動日」是全校性的生命教育活動其中一環

▲ 好學姊悉心照顧小妹妹

「愛心小天使」計劃配對學⋮

「愛心小天使」計劃為小一及小四的⋮
生配對；高年級的學兄學姊帶着剛加⋮
小學這個大家庭的學弟學妹認識校園⋮
幫助他們適應小學生活，建立健康正⋮
的關係。「愛心小天使」十分細心，⋮
顧周到，小息時帶低年級同學去操場⋮
耍、上洗手間，也會協助他們吃零食⋮
收拾儲物櫃。計劃同時訓練高小學生⋮
心和服務他人，培養他們的責任感。⋮
時活動更延伸至小五及小二、小六及⋮
三學生的配對。「愛心小天使」根據⋮
定主題，例如為考試作準備、溫習技⋮
等，與學弟學妹分享他們的學習經驗⋮
此外，學校一直鼓勵學生在日常生活⋮
展露關懷，像是通過送聖誕卡等活動⋮
達感恩之情，與他人維持更緊密的⋮
係。久而久之，學生潛移默化，形成⋮
他人着想的思維模式，懂得關心身邊⋮
人事物，領悟生命的意義。

引進及建構正向教育

正向教育 (Positive Education - POE) 源自美國心理學家 Martin Seligman 教授等人於 20 世紀 90 年代提出的正向心理學 (Positive Psychology)，關注個人的身心健康和幸福。Martin Seligman 在 Geelong Grammar School 實踐及透過 Geelong Institute of Positive Education 在世界各地推廣正向教育模式，其成效獲得廣泛認同。

2015 年，教育基金為了更系統化地在兩校推行價值觀教育，向校方推薦了 POE 概念，由小學先行先試。時任小學校監朱周肖馨經過細讀資料和與專家交流取經後，亦認為澳洲 Geelong Grammar School 的正向教育理論和學校經驗，能為小學一向奉行的生命教育和價值觀教育增添元素和活力，因為它能提供一套較完整的框架和理論基礎，也能提供精確豐富的語言，非常有利學校和老師去實踐；她和黃桂玲校長商量後，決定一次性由學校定購 30 本 Geelong Institute of Positive Education 出版的書籍，推薦給老師閱讀。這是在小學推動正向教育的第一步，是簡單的一步，但也是重要的一步，因為這是一個重要的信息！

朱周肖馨憶述：當時推行正向教育的學校並不多，用甚麼策略在校推行也是先行者的重要考慮；有先行學校以學生輔導課作切入點，也有學校試着從全方位推行。如何推動全體老師和持份者的認識、接納、實踐和堅持，都需要考慮；之後的一年多，是學校建立和累積有利條件去實踐正向教育 (Building up POE Capital) 的時期。這個時期，小學校董會成立了正向教育顧問委員會，並由校董黎國燦博士和羅鄧艷文博士任正副主席；學校層面則有校長和副校長領導的專責委員會；更有先鋒老師先學先想並樂意與同儕分享，稍後更有多位老師在班中試行正向教育的具體元素，例如性格強項 (Character Strengths)、感恩 (Gratitude)、發展思維 (Growth Mindset) 等。校長也把握機會在週會時間讓老師介紹個人實踐經歷。他們按計劃一步一步地實踐和分享。另一方面，學校實施正向教育的舉措，成功爭取了一位關注教育的社會人士的支持和三年捐助，這讓學校得以善用資源，加倍努力，有序的進行老師培訓。學校又借助本地大學專家協助制定方案和支援老師，並舉辦多次家長講座介紹 POE，很快便獲得家長非常正面的反應和支持。此外，校方更邀請海外專家顧

問到校指導和視學，提升士氣和信心。

這個時期，工作進度是雖然有張有弛，但小學 POE 的重要推手並沒有鬆懈，全校鋪開積極推動正向教育的條件至 2017 年底逐步成熟。2018 年，小學把推行正向教育納入了學校的三年發展計劃，採取全校開展模式，以期實現＂Learn it. Teach it. Live it. Embed it.＂的理想；同年小學和書院合辦 Joint School Development Day，透過小學校董、港大副校長區潔芳教授邀得港大林瑞芳教授到校為兩校全體老師主講和主持「靜觀」工作坊 (Mindfulness Workshop)，對老師們日後實踐 Positive Health 概念很有裨益。2019 年 5 月，教育基金邀請了 Geelong Institute of Positive Education 的培訓專家來港為兩校全部開展了連續三天的在校培訓課程，大約 120 多名教師和多位教育基金成員參加。這是為兩校「十二年一貫」教育和長遠推行 POE 的重要舉措。

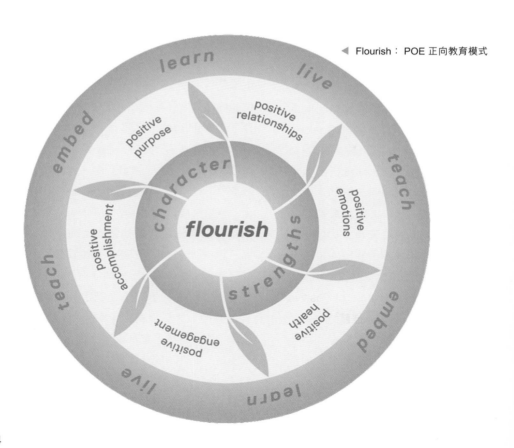

◀ Flourish： POE 正向教育模式

◀ 2017 年小學和書院的教師參與教育
基金舉辦的澳洲之旅，到 Geelong
Grammar School 實地考察正向教育
的發展

參加 POE 家長學堂後的感受

Catherine Leung：

無論成人和小朋友也需要不斷學習，不斷進步。感恩學校推行正向教育，令我們一班好學的家長和學生有機會從不同的角度學習做人和教養兒童的方法，得益不少。從課堂中，看到校長和老師也有上課 和朝着同一個方向去教導孩子，我們既感激又感動。我很慶幸可以參加一系列的正向教育家長學堂。

Danny Lo：

家長學堂課堂後，當然會向孩子實踐所學。在最後一堂講者提供材料，讓我們給孩子設計獎盃，我畫了一個確認他付出過努力的獎盃。當天晚上，我把獎盃送給孩子的時候，他眼睛從心底流露着的喜悅，令我深受感動。那獎盃現在還掛在家中的當眼處呢！ 此外，我覺得此課堂也是我們做家長的一個自我發現過程，重新認識自己。記得當中有一個遊戲是傳氣球炸彈，緊張刺激，能令我們從中體驗害怕和恐懼，從而更了解自己及孩子們在壓力下的感受。

本書限於篇幅，未能全面介紹小學推行和落實正向教育計劃的情況，只在下面列舉部分內容作為說明。

關顧式課室管理

推行正向教育的一個重要渠道就是與學生關係密切的班主任；他們透過班級經營，於班主任課及班級氣氛方面營造正向關係、習慣和班級歸屬感，培養學生的品德及建立正向價值觀。

小學致力建立關愛文化，希望無論老師與學生、學生與學生之間都能融洽相處，成為一個溫馨的大家庭。學校在班級經營和學習管理方面參考了「關顧式課室管理」（Responsive Classroom）的做法，林子競老師入職後便曾兩次前往美國紐約和芝加哥進行為期八天的培訓，學習如何在課室內應用關顧式課室管理，協助學生加強社交能力和表達能力。

融入了關愛文化的課堂是怎樣的呢？小學每班有約 30 位學生，並實行雙班主任制度，讓每位學生都能得到妥善照顧。為了讓學生有更多時間建立關係和相處，學校每兩年分班一次。學生更能為自己的班級命名，曾出現的班級名稱有「閃耀之星」、「開心果」、「精靈樂園」等，還能創作自己的班歌、班徽、班口號，佈置課室及壁報，以建立對班級的歸屬感。

學生每天要上兩節班主任課。在每年 9 月開學後，學校有兩週的適應時間，這時班主任會在班主任課上，通過不同

▲ 「關顧式課室管理」：學生能為自己的班級命名，還能創作自己的班歌、班徽、班口號，佈置課室和壁報

的遊戲，例如打招呼活動、校園探索、佈置課室等，讓學生互相認識，彼此合作，從而建立班本習慣，甚至產生共同的班級信念。學生在遊戲時並不僅僅是玩耍，老師在每次遊戲前都會讓學生知道遊戲的目的、了解規則和要求，遊戲後也會有總結反思，為學生確立正面的行為和觀念，教導他們該怎樣與人相處。期間老師也能觀察學生不同的性格特質，調整往後的授課形式和關注重點。

學生主動的個人分享

班主任課有一個很受歡迎的固定活動：每週一次個人分享。老師邀請學生報名參與，每人分享約五至十分鐘。不過特別之處是，學生只需要說出自己的分享主題，然後其他同學就會開始提問，例如：「我今天想分享感恩的事，我準備好了，可以提問了。」、「你想分享甚麼感恩的事？」、「為甚麼想分享這件事呢？」……這種別出心裁的分享形式，讓學生不會只顧着說自己想說的話，懂得聆聽他人的話並作出回應，考慮他人的想法。有時同學還會提出一些分享者從沒想過的問題，引導他們深入思考。

當學生習慣這樣的分享形式後，就能真正懂得分享是向他人訴說自己覺得美好的事情，而非炫耀自己。分享活動還能讓學生學習有禮貌地提問，訓練他們主動聆聽（Active Listening）的能力、舉手輪流發言，以至控制音量。這些都有助於提升他們的自信心和溝通技巧，建立正面的自我形象。另一方面，因為

▲ 主動的個人分享

時常分享，學生能看到更多同學的優點與強項，加深情誼，彼此的連繫也更緊密了。

在學校推行正向教育後，教師於班級經營方面也融入了正向教育元素，使學生的個人成長發展更加全面。教師接受了正向教育培訓，在設計活動時更懂得抓緊重點，例如針對正向教育的六大主題：身心健康、正向情緒、人際關係、人生意義、全情投入、正向成就，來計劃教學活動及描述每節課的主題；老師之間也因為有共同的認知而更容易溝通協調。

個人成長與性格強項

學生每星期都要上個人成長課，全年接受約 12 至 16 節關於正向教育的課堂，經由體驗活動領略正向精神。課程包括：小一學生通過給幼稚園老師寫信，培養感恩的心；小四學生投入極富挑戰的「保蛋行動」，在保護雞蛋的過程中，懂得生命的可貴和建立責任感；小六學生則藉由製作校園海報，向學弟學妹宣揚正向生活的態度，從而加強對校園的參與，他們還會學習與戀愛相關的課程，排解踏入青春期後的各種困惑。

另一方面，老師會在個人成長課教授 24 個性格強項（Character Strengths，即每個人最真實的正面素質，反映了一個人的思想和行為），讓學生發掘自己的特質，懂得運用性格強項，以加強正面情緒。老師會在課堂上重點講解這些性格強項，並讓學生進行性格強項測試，也會在課室張貼 24 個性格強項，讓學生有基本認知。當學生了解自己的性格特質後，就能在班內尋找擁有相同性格強項的同學，互相分享可在哪些情況下應用這些性格強項，進一步發掘自己不了解而別人看到的特質。

老師也會在教學時通過不同方式，讓學生對 24 個性格強項有更清晰直觀的認知，例如在教授堅毅精神時，教師不再像以往那樣講述數百年前的偉人故事，而會透過小遊戲引起學生的興趣，他們投入遊戲當中，不斷失敗、重新嘗試，從而感受到自己的毅力，才會留下更深感受，將來懂得將這份堅毅精神運用在生活上；例如六年級其中一節成長課「失敗回收站」，通過活動讓學生體會挫折並察覺自己面對挫折的狀態，學習表達對失敗的看法並了解自己內在的需要，從而發掘失敗對自己的意義。學生首先要玩一個 Mastermind 遊戲，老師按着特定主題出題目，讓學生不斷嘗

試，經歷挫敗和修正，直到最後得出答案。之後透過解說環節，讓學生表達不斷面對挫敗時的感覺如何，並邀請學生分享日常生活中有否同樣不斷面對挫敗的經歷，讓學生將課堂的學習應用到日常生活中。

最後老師邀請學生將失敗的經驗寫在 TEAMS 平台，然後放入「失敗回收站」之中，意思是將失敗的經驗重新整理並循環再用，學生可從中找到讓自己成長的經驗，學習用嶄新的角度和眼光看失敗。

現時校方已將 24 個性格強項融入全校活動和各科課程中，例如在中文科或常識科講及一些歷史人物時，老師會鼓勵學生運用性格強項來描述人物的性格特點；常識科老師在推介課後閱讀讀物時，也會選擇具有正向思想的書籍，讓學生從閱讀中學習正向思維。在早會及週會上、課室裏、電子平台上都會滲入正向教育元素，也會和不同機構合辦生命教育活動，培養學生的正面人生觀和價值觀。

◀ 透過小遊戲引起學生的興趣，他們投入遊戲當中，不斷失敗、重新嘗試，從而感受到自己的毅力，逐漸對二十四個性格強項有更清晰直觀的認知

心態致勝

前小學校監朱周肖馨校監在 2018/19 年度畢業生紀念冊的話寫下這段說話：「很多專家認為：意念驅使行動，行動化成行為，行為形成習慣，習慣造就性格，而性格決定命運……我們採納的正向教育理念，着重培育一些技能和思維方法，藉以加強孩子的人際關係、情緒管理、抗逆能力、靜觀能力和鼓勵養成健康的生活習慣。我們相信，透過傳授這些技能和思維方法，孩子得以擴大有效學習的能量，並為他們日後邁向豐盛人生打造基礎。」

小學校長黃桂玲在為香港直接資助學校議會寫的一篇文章裏，也簡潔地歸納了推行正面教育的現代意義：「無論是知識或技能的學習，我們都不可避免遇到困難和挫敗。當兒女或學生遇上學習中不如意的時候，通常都會想逃避或放棄；作為師長或家長，我們要嘗試找出孩子的亮點，用正面語言表達諒解和支持，從而幫助孩子重拾自信。我們要幫助孩子了解自己，認識自己性格的強項，從而能欣賞自己及不斷地改進；在日常生活中建立『可改變』的思考 (growth mindset)，使孩子相信自己有能力進步，這都有助孩子獲取能力感，從而推動孩子為自己的目標而付出努力。」

「面對不可預知的人生，孩子需要建立終身學習的能力和動力，我們更要培養孩子正面堅強的心態去迎接挑戰。父母和師長的角色有如孩子的一個加油站，所謂「心態致勝」，我們可以培養孩子常存「希望」的心態，學習多為問題想解決方案和多給自己找一個選擇，自然會在人生中找到快樂的路徑。」

在國際教育會議分享經驗

近幾年，正向教育的概念越來越受社會和教育界的關注和認同，港大同學會小學早着先機，是先行學校之一，並且與香港城市大學正向教育研究室和其他參與學校經常分享及交流經驗。香港城市大學正向教育研究室為港大同學會小學於 2018-19 年及 2019-2020 進行了三次問卷調查研究，目的是了解學校推行正向教育校本計劃的成效及對不同持分者的影響，對象包括學生、家長及教師（包括校長），其研究報告的總結部分見下頁。

黃桂玲校長聯同書院校長陳馨亦曾在今年 (2021 年) 7 月在香港直接資助學校議會的會議上分享推行正向教育的經驗。尤其難得的是，小學在疫情期間仍然致力於通過網絡推行正向教育，並取得相當好的成效。校董黎國燦博

士聯同幾位老師（林子競、呂志成及孫中齡）通過對小學個案的調查研究後，完成了一篇論文："Turning crisis into opportunity: a case study of a primary school which has migrated positive education from on-site to online during the pandemic"，並獲今年 (2021) 12 月舉行的 International Conference on Learning and Teaching 2021 (ICLT2021) 接納為在會議的 "Positive and Values Education" 環節上提交論文報告。

---

8. 總結

1) 學校在正向教育多個元素有明顯的改變，特別在性格強項、正向關係、正向情緒和正向健康等，學生、家長、老師和管理層都分享了很多關於這些方面變化的具體例子（參考第 3 項）。未來方向可以進一步提升關於投入感，意義感和正向成就的元素。

2) 在學校文化上，學校利用各方面的資源，努力去推行正向教育，訪問中不同受訪者，特別是家長都深有體會，表示非常欣賞和支持。教師考績評核 (Appraisal) 中也結合正向教育的元素，讓更多老師參與到正向教育推廣的各個環節。校園設施和佈置方面有進一步提升的空間，學校也強調未來會關注正向教育的全校參與和持續性發展。

3) 學校推廣正向教育成功因素包括基金會和校董會的大力支持，資源豐富，過往有一定基礎，老師和家長的積極配合，上下同心，營造全面的正向環境，促進改變。未來可考慮發展方向建議：為家長教育提供更多學習資源和互相分享的途徑，提升老師們對計劃的認同感和價值感，讓全校老師在認知方面和推行進度更一致，以及致力於塑造校園的正向文化。

▲ 香港城市大學正向教育研究室為港大同學會小學所進行的調查研究有關報告的總結部分

書院跨學科全校推行正向教育

港大同學會書院自創校以來都採用正面訓育和生命教育培育學生，延續了學生在小學時感受到的正面精神，並在 2018-2019 年繼小學之後開始推行正向教育，以跨學科、全校推行作為方針，關注整個校園社羣的健康發展和學生的身心健康，並着重培養青少年的人生價值觀及性格強項。書院的正向教育同樣沿用來自澳洲 Geelong Grammar School 的正向教育理論框架，老師也接受了澳洲 Institute of Positive Education 的培訓，因地制宜地在亞洲

的教學環境應用他們的教學方針，並於教學、課程、學校活動、校園環境、學生照顧等方面訂立了完整的計劃，關顧每個人（包括學生及教職員）的全人發展。

助理校長 Stephen Hindes 是負責學生輔導 (Pastoral Care) 組的；他和該組老師統籌全校把正向教育結合到學生輔導課上，建立了 "Well-being" 的目標。學校的信念是「誰都可以改變，而且每個人都有良好的性格特徵」，首要關注的是學校社羣的健康發展，並以「四大支柱」和「六大正向教育元素」的理念為本，訂立了一系列目標促進教學成效，同時擬定及推行具體策略，以 "1-4-6" 作為口號，表述本校的發展方針：

▼ 書院絕大部分老師也接受了澳洲 Institute of Positive Education 的培訓，因地制宜地在亞洲的教學環境應用其教育方針

1 首要關注── 整個校園社羣的健康發展。

4 四大支柱──所有校園生活的範疇：(1) 結合中國文化知識與國際視野，培養全球公民意識；(2) 發掘、發揮及提升性格強項；(3) 為校園社羣重新釋義；(4) 發掘及培養成長思維。

6 六大正向教育元素──存在之道 (Ways of Being)：健康、情感、關係；行事之道 (Ways of Doing)：目的、參與、成就。

學校定期進行的正式關顧課，會根據不同的重點來設計課堂活動、任務、分享和反思，培養學生的正向價值觀和態度、獨立能力，以及良好品格。以中二學生的關顧課為例，課程關注學生的情感教育，老師會設計情緒課堂活動，探索不同情緒產生的原因，傳遞正能量，也讓學生懂得正視自己的負面感受；並

和不同機構合作發展自我探索活動，學生可加深對自己的認識、學習控制情緒。課堂上同樣也會融入 24 個性格強項的元素，學生經由問卷了解自己的性格特質，在與同學分組完成小組項目時，他們會根據不同的特質組成團隊，例如有領導特質的學生擔任組長，有創意特質的學生負責設計海報。

老師也會改變教學用語，以「3-to-1」的策略──指出學生三個做得好的地方，以及一項可以改進的地方，鼓勵學生持續進步。通過這些教學活動，學生感受到教師在各方面的照顧、關心、愛護，在書院常常出現這樣的溫馨場面：放學了，學生仍不願離開學校，反而會找老師傾談、溫習。師生之間建立了良好關係，學生也能通過老師學習良好態度和積極人生觀，成為一羣有愛心、有承擔、正面樂觀的青少年。

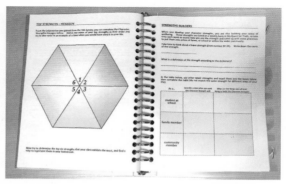

▲ 書院的學生手冊，「醒目」地鼓勵同學培養種種正向思維與習慣

充滿關愛的校園文化

教育基金「四大基石」的首項是要求教師結合愛心與專業，重視學生的個人成長和價值觀培育，形成充滿關愛的校園文化，令學生感受到學校對他們的關心。近幾年，教育基金又帶領及推動兩校致力學習和發展正向教育，幫助學生學習到在遇上困難時應該抱有怎樣的心態應對；他們對自己有了更多認識，知道哪些性格特質值得欣賞、哪些地方需要改善。兩校校長及不同老師都表示，學生普遍自我形象高、自信心強，他們也許在成績上有差異，不過成績一般的學生不會因此自卑，成績好的學生也不會看不起成績欠佳的同學；學生之間不會互相攀比、嫉妒，反而十分團結，能夠互相幫助、彼此包容。他們愛發問，也積極回答老師的提問，善於表達意見，更會和老師打成一片。這些都是由小學奠定的正向態度基礎，以及書院持續營造的正面環境，所培養出來學業與品格兼優的孩子們。

未來兩校將繼續推行正向教育，協助學生改善在對待教師、長輩方面的態度。隨着社會轉變，學校更為關注學生在人際交往、情緒處理等方面的成長。現在小五的個人成長課便引入了朋輩輔導相關課程，學生學習處理與他人的衝突，以及學會平復激動的情緒，嘗試以理性解決爭議，在生理、心理、學習、社交、德行等方面都能得到更均衡的發展。

關心有特殊學習需要的學生

書院家長 Monita Lor 的子女曾在小學就讀。兒子原本不愛說話。上學才四天，在爸爸接他放學時，兒子一改沉默的性格，一直和爸爸分享在學校開心的生活，讓爸爸不禁想：這是我的兒子嗎？看到變得活潑的兒子，父母十分高興。然而隨着兒子逐漸長大，他卻被檢查出有過度活躍症，當時 Monita 很擔心，因為聽到人們說，像兒子這樣有特殊學習需要的學生很難考上大學。一直以來，兩間學校都為他們一家提供了很多幫助，老師一直跟進兒子的覆診情況，校長也會關心他們需要甚麼協助，在考試時作出特別安排配合。她表示，在外面認識別的家長，他們甚至不知道在考試時可以申請特別安排，而兒子獲得的各種資訊和協助都是由學校主動提供及安排的，令她很感激。在學校的幫助下，如今兒子的學業和個人成長都發展得很好，超出了她和丈夫原本的期望。

聽聽學生心底話

兩校的正向教育和生命教育究竟成效如何？讓我們看看學生是怎麼説的：

小學學生李柏希

（由小一開始入讀，現為小六學生）：

正向教育令我學會正面看待事情，就算在做事時覺得失了準，也懂得正面面對。我還參加了『好學兄／好學姊』，由四年級開始直到現在六年級，成為隊長，期間接受了不同的訓練，如鍛煉團隊精神等，學到很多東西。

書院學生李依霖

（由小一開始入讀，現為中三學生）：

無論是升讀小一或升上中一時，都會有不適應和感到害怕的時候。不過小學有『愛心小天使』計劃，中學有朋輩輔導員，都是由高年級同學照顧新生，了解我們有哪裏需要幫忙，有的人交不到朋友，也會跟朋輩輔導員傾訴。升中後課業難了，也有很多科目要兼顧，老師十分關心我們的感受，看到我們學得辛苦，會安排很多活動給我們減壓，例如：一起閉上眼睛，聽音樂放鬆。我參加了不同的團隊活動，從中了解別人對自己的看法，對自己有很多認識及反思。我現在也成為了朋輩輔導員，幫助其他同學。

書院學生 Marcus Chan

（由小一開始入讀，現為中五學生）：

學校令我變得更外向、有自信。我在小一、小二時不愛説話，讀了小學幾年後，開始願意表達自己，因為學校提供了很多機會，讓我們發揮自己的能力，像是擔任班會主席、參與學生會等，老師也鼓勵我們表達和發揮。學校帶給我的觀念是：以興趣為先，我有很多機會去發掘自己、去嘗試。學校帶我們去了很多考察活動，例如中一去了長洲、中二去了北京、中三去了新加坡，這些都成為我與同學很開心的回憶。記得中三時老師帶我們去尖沙咀重慶大廈，了解到社會上我們所不知道的一面，令我印象深刻，也漸漸對歷史、經濟等人文學科及社會時事有了更多興趣，未來我想選擇和法律政治等人文學科相關的學系攻讀。

書院學生 Wyn Kon

（由中一開始入讀，現為中五學生）：

來書院是我自己的選擇，因為在開放日參觀時很喜歡書院的氣氛，看到學生很熱情、老師很親切、校園環境很舒適，而且校內凡事都很正面，就很想到這間學校讀書。以前我讀的是女校，沒有那麼多跟其他人接觸互動的機會。來到書院後發現有很多互動活動，學校鼓勵我們積極參與、探索自己，正面教育令我能夠勇敢地面對每一件事，跳出自己的框框，我變得更開放，溝通能力也改善了。我從小到大都很喜歡擔任領袖的角色，也喜歡和不同的人溝通，喜歡幫助別人，後來加入學生會，面對不同的評論及意見，令我變得更堅強，敢於接受批評。我們那屆的學生會舉行了萬聖節活動，又在疫情期間為全校學生準備放了零食和自製書籤的關懷包裹，這些活動都令我很有成就感。

書院舊生 Hazel So

（由中一開始入讀，為書院創校後首屆中一學生，現已畢業）：

只要想到與學校有關的回憶，就會覺得很開心。我最近常常想起校歌，歌詞很符合我們的心情：學習時努力學習，工作後要擔當世界公民。在學期間老師很開放，總是鼓勵我們多看看、多與人交流。在其他地方遇上災難時，全校師生會在集會上一同默哀，這些活動培養了我們關心世界的正面價值觀。工作後有時也會遇上難題，這時就會想起老師一直以來的支持和鼓勵。我很感謝學校和老師多年來的栽培，感謝老師對我們的信任，鼓勵我們挑戰自己、自我突破，也信任我們能做得到，讓我們看到很多可能。至於和同學間相處融洽，彼此支持，畢業後也會保持聯絡，我很開心在書院得到了那麼好的友誼。

豐富學習經歷的全人教育

★ 推動藝術教育與體育

★ 多元化的延伸學習活動

★ 生活能力的培養

★ 跨學科、跨領域的學習經歷

★ 全校性境內境外考察活動

★ 社區參與——學校與社會結合

全人教育（Holistic Education，又稱全人格教育）源自人本主義，關注學生在認知、情感、身體、心智等人格各方面的成長，使其得到均衡發展，形成健全人格，從而愛上學習、熱愛生命，懂得思考人生價值，學習與社會互動，尊重及接納他人。

全人教育[5]關顧學生在各方面的成長，當中體藝發展一環時常被學校和家長忽視，錯誤認為音樂、美術、舞蹈、戲劇等屬於課外活動，可在學生閒時作為個人興趣與藝術薰陶；部分家長可能認為子女應將大部分時間和精力放在中、英、數等主要學習領域上，才更有「效率」，及對個人前途最「有用」。

無論是港大同學會小學還是書院，都沒有將學業成績視為學生成就的唯一準則，兩校更重視學生是否得到全方位成長和豐富的個人經歷。因此，在主要學習領域以外，兩校規劃了各種活動，促進學生全人發展。除了上一章提及關於德育及公民教育和社會服務方面的課程與活動，兩校還開設了綜合藝術課程，組織各種延伸學習活動、實地考察和境外遊學活動，以不同方式協助學生認識校園以外的廣闊世界，了解更多社會、文化及全球議題，同時幫助他們自我成長，掌握生存技能和學會規劃升學職業生涯，為他們走進社會前做最充足的準備。

▲ 南非著名的 The Soweto Gospel Choir 在小學表演，同學們反應熱烈

推動藝術教育與體育

教育局列明藝術教育課程旨在幫助學生：

- 發展創造力、明辨性思考能力和溝通能力，培養美感觸覺和文化意識；

- 發展藝術技能、建構知識和培養正面的價值觀和積極的態度；

- 從參與藝術活動中獲得愉悅、享受和滿足；

- 培養對藝術的終身興趣。

教育局對體育的定位是「透過身體活動進行教育」，幫助學生提升不同身體活動所需的技能，學習有關活動及安全的知識，以發展活躍及健康的生活模式。體育強調建立正面的價值觀和積極的態度，提升自信及發展協作、溝通、創造、明辨性思考和審美等共通能力，是終身學習及全方位學習的重要基礎。

港大同學會小學的綜合藝術課程包括戲劇、舞蹈、音樂及視覺藝術四個必修科目；學生可接觸與學習諸如非洲鼓、電腦音樂、書法、戲劇表演、現代舞、中國舞、舞蹈編排等廣泛的藝術知識，得到藝術啟蒙，以提升其創意、表達和欣賞能力，並通過各種藝術媒介表達自我；其中舞蹈單元曾獲香港演藝學院及城市當代舞蹈團多次派員觀課取經，可見課程設計十分出色。

小學的體育課程同樣精彩。每級的體育單元包括：小一、節奏藝術，武術；小二、游泳，小型網球；小三、非撞式欖球；小四、乒乓球；小五、籃球；小六、

▶ Student's artwork:
Soar up in the Sky
(Embedded Image)

劍擊；讓學生有機會嘗試不同的運動技能，培養運動習慣。為鼓勵學生多做運動，體育科近年還邀請小六學生參加為期半年的「e-Fit 校園體適能追蹤訓練計劃」，學生將佩戴運動手帶，於校內或指定校外活動時記錄運動數據，包括行走步數、距離，以及運動時所消耗的卡路里等，這樣他們就能根據需要訂定運動目標，養成更健康的生活習慣。

港大同學會書院之藝術教育着重於為學生開啟一道道藝術世界之窗：經由觀察、模擬和操練不同風格手法及型態大異奇趣之世界大師藝術品，不斷潛移默化地引導學生更深一層次地進入藝術世界探索與發現，融合學生個人獨特之理性意識、感性情緒、生命體驗；再串流入各社羣之次文化及當代整體人文經濟的脈絡趨勢、彷彿身歷其境地與過去各時代藝術大師交流對話、重新賦予新藝術品

的創意發想、演繹蛻變出能彰顯專屬於學生之個別獨特性的全新藝術火花。

書院也一向重視推動體育教育，成績有目共睹。因新冠肺炎疫情影響，教育局在 2020 年初宣佈中小學停課，但書院卻能依足平日課表安排絕大部分課堂做網上學習，包括體育和音樂課，例如在網上體育課，原本教打籃球便改為分析籃球賽，學生亦可按老師的指示和示範在家做簡單伸展動作，老師和學生一起在鏡頭前蹦蹦跳跳，樂也融融。各大報章和網媒都廣泛報道。

書院和小學的同學歷年來多次在全港校際乒乓球、游泳、田徑、網球、越野賽、七人欖球等男子團隊、女子團隊及個人比賽中取得總冠軍等優秀成績。

▲ 小學舞蹈單元課程設計備受讚賞

▼ 十人跳大繩比賽，鍛煉默契和信任

▲ 三年級的體育單元，令同
學有機會嘗試比較冷門的
非撞型欖球

▶ 透過體育比賽，學習成
敗得失

書院 15 年來的體育發展

書院體育科主任李秀秀在創校第一年 (2006) 便加入書院為體育老師。回顧過去，她有以下的感受：

15 年來，書院發展愈來愈好，體育方面現已在學界升上第一組別（以往只有傳統名校在此組別），感覺書院充滿傳奇！

回想 15 年前書院成立，自己首年加入，只是一名普通體育老師。開始帶領學生參加體育比賽，感覺像 BB 班；後來學生不斷在全港公開賽摘冠，更囊括不少項目首一至五名，在學界中成績彪炳；繼而有學生得 World Cup 等世界賽大獎；2013 年獲 RTHK 邀拍《體育的風采》，帶出薪火相傳的意義。今年 7 月世界中學生運動會（因疫情沒舉行），本校有

數名學生獲國際奧委會認可其水平，獲邀負責協助乒乓球賽事；我們更有兩位學生短跑成績彪炳，中六已入港隊。可見學校同學由參與學界賽事、到業餘級別賽事再有晉身到香港隊選手以至世界賽 champion！

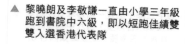

▲ 黎曉朗及李敬謙一直由小學三年級跑到書院中六級，即以短跑佳績雙雙入選香港代表隊

書院對外開放，積極參與社區發展，今年 (2021) 6 月還幫乒總做社區工作。承奧運熱潮，8 月 30 日奧運獎牌得主交流團到書院，教練李靜及幾位為港爭光的乒乓好手跟書院學生切磋暢聚！感覺十分夢幻！

▲ 2021 年書院協助乒總做社區工作。8 月奧運獎牌得主交流團到書院，教練李靜及幾位為港爭光的乒乓球好手跟書院學生切磋暢聚

多元化的延伸學習活動

在課堂教學以外，兩校還為學生提供了多元化的延伸學習活動（Extended Learning Activities, ELAs），這些活動是主要學習領域及單元課的延續，讓學生進一步發掘潛能。

小學的延伸學習活動其實屬於學校課程的一部分，分為三個發展階梯，其中 E1 針對學生的全面發展及需要，劃入上課時間表內，小三至小六的學生必須選擇參與指定的活動，培養多元智能（MI approach）活動包括：STEM（例如：STEM Theatre）、語文（例如：Reader's Theatre、故事大王、校園電視台）、數學及邏輯推理（例如：國際象棋、數學推理班）、自然觀察（例如：綠色小先鋒、小小科學家）、空間（例如：創意藝術、奧斯卡定格動畫證書課程、小小魔術師）、人際關係（例如：學生大使、童軍）、肢體運作（例如：劍擊、欖球、花式跳繩、爵士舞）、音樂以及表演藝術（例如：非洲鼓、戲劇）。

E2 則屬深化培訓的拔尖課程，學生需經由老師選拔或推薦參與，進一步強化他們在體育及藝術方面的特長。學校組織不同隊伍，訓練學生參加校外比賽，例如全港分區花式跳繩比賽、學校舞蹈節、學界足球賽等。學生也有機會參加校內不同活動，例如在午間音樂會、港小戲劇節上展現藝術才華。

E3 主要照顧小一、小二學生的興趣發展，他們可參加自己感興趣的延伸活動，其目的在於培養學生的品德和態度、溝通合作技巧，同時提供技能訓練，啟發學生的創作能力。他們也能通過活動獲得豐富的生活體驗，更有機會在老師指導下參與策劃及組織活動，從而鍛煉組織及領導能力。

書院方面，則提供了超過 80 個活動供學生選擇，包括：人工智能及機械人學、中文戲劇、閱讀比賽（Battle of the Books）、哲學探究、靜觀畫、遊戲設

計，以及各種樂器學習、運動項目和語文數理能力提升班等，囊括智能、社交及情感層面，讓學生拓展視野、發揮潛能。

生活能力的培養

除了培養學生的素養和眼界，兩校兼顧他們在體能、毅力、社交、獨立性和羣體生活方面的能力，因為這些生存技能甚至比學業成績更影響他們的個人成長和未來發展。尤其兩校學生大多生活無憂，獲家人悉心照料，在生活能力上沒有得到太多鍛煉，不太懂得如何照顧自己，因此兩校一直注重培養他們的生活技能及面對挑戰的能力。

在小學，現時有三個年級需要接受生活技能課，全面鍛煉學生在衣食住行各方面的自理能力，像是學習煮飯、洗衣、燙衣等，目標是他們能夠照顧自己。小一常識科曾舉行「我會自己做」工作坊，邀請家長協助教導學生基本的生活技能：繫鞋帶、摺疊衣物及抹桌子，以提升學生的自理能力。除了相關課堂，學校也會利用各種機會讓學生學習自行解決生活上的難題；例如有學生忘了拿外套的話，就要到校務處登記，辦好手續，家人才會把外套送來，從而培養他們的責任感。

跨學科、跨領域的學習經歷

全人教育的「課室」絕不限於在校園內。兩校配合課程需要，安排各種實地參觀及考察活動，有些甚至跨學科、跨領域，豐富學生的學習經歷。小學的常識科會組織學生前往郊外考察地質生態，也會與資訊科技科合作，讓學生在社區內探索、收集數據作分析，觀察區內需要改進的地方。英語科則會組織學生前往消防局參觀救護車等救護設備。高年級學生還有機會參與境外遊學活動，親身感受不同地方的文化，鞏固課堂所學。2019年，小四學生曾前往台灣進行自然及環保之旅，參觀了當地的焚化廠、地景公園、潟湖、鹽田等，也與當地小學生交流；而小五學生則前往北京探索航天科技，他們住在北京航天部研究院，與科研人員的子女一同生活，又參觀中國航天博物館，學習製作小火箭，了解中國航天科技發展。學生在校外活動的所見所聞，都可與課堂所學聯繫起來，以提升學習效能。

▲ 雲南親子體驗團，小學同學
當起小老師來，分享交流

▶ 台灣自然及環境教育之旅，難得的鹽田體驗
▼ 小學學生和家長在廣東省農村學習旅程中體
驗耕田

全校性境內境外考察活動

書院設有完善的全校性境內境外考察活動，不斷改進發展，形成垂直流向：自我體驗、中國文化、探索多元文化和在不同文化背景中服務。考察團是體驗學習的重點，大部分參與的學生均表示可以學到書本以外的知識。中一至中四學生每年有一個星期離開校園，到郊外或境外考察，每個年級的考察團都有各自的目的地和學習目標：

中一：前往位於長洲的營地，進行個人成長鍛煉和團隊訓練，另有一天會去澳門做港、澳兩地城市的研究，了解城市定位。

中二：前往一個中國內地城市，例如北京和上海，在當地學校上課、和當地學生交流，也會參觀歷史建築和博物館，認識國家從遠古到當下的發展進程，從而立體地感受國民身份，了解中國各方面的面貌。

中三：前往一個於經濟、社區實力等各方面和香港類似的國家或地區，多數是新加坡，觀察比較當地與香港的分別，認識當地的強項與香港的不足。

中四：前往較貧困的國家或地區，為當地有需要人士提供服務，學生曾踏足內地痲瘋康復村，也到過越南、柬埔寨為當地兒童上課，他們事先研究當地情況，並自行計劃於一星期內為當地人做些甚麼。學生既可將課堂上學習到的知識應用在遊學考察中，也能探索校園及香港以外的世界，了解不同地方的文化民情，通過切身體驗達致全人教育。

▲ 書院學生在長洲營地進行個人成長鍛煉和團隊訓練

▲ 柬埔寨服務學習之旅

還記得第二任校長陳錦偉在初期開展境外和海外學習時的澳門之旅非常成功。學生進行專題探究（在大三巴採訪遊客、比較葡撻和蛋撻的異同等），不少遊人和澳門居民對同學的準備工夫、態度及談吐表示欣賞，同學不時被問到是就讀哪所學校的，得悉是來自香港的港大同學會書院，皆表讚賞。

書院亦會安排與學科相關、認識中國文化的姊妹學校項目及參與中國探險學會 (CERS) 的考察團，讓學生體驗校外的廣闊世界，學生從考察團汲取的知識，可在年內通過不同渠道在校內學以致用。中國探險學會 (CERS) 致力透過教育及企業計劃，加深公眾對世界、野生動植物保育和人類文化的認識，書院很榮幸與該會建立友好關係，會資助安排學生到一般旅客鮮有踏足的地方遊歷，如緬甸及香格里拉等。

▲ 澳門之旅是書院初期開展的境外學習，學生進行專題探究

▶ 馬來西亞沙巴之旅，帶領同學作境外學習的書院老師施俊輝，現為教育局局長政治助理

129

CERS 非凡文化探究

書院老師沈君浩：

要培育真正的世界公民，除了在課堂裏分享世界各地的資訊，鼓勵學生關心世界時事，也必須帶領學生走出學校，走出香港，到世界各地親眼看親耳聞。當然，在書本上可以知一頁而知千秋，但親身見一地，與當地的人正面交談，更可知萬世。

2018 年，港大同學會書院與 CERS 合作舉行不同世界學習之旅。帶領學生到香格里拉、緬甸、海南等地進行學習交流及文化探究。有一事令學生難忘的是，就是每天晚上晚飯後在船中的客廳回顧當天學習的討論及分享。這就是我們相信的教育。學習不限於學校課室內，在緬甸這個異國，在「CERS 探險號」的客廳，也是學習的泉源。港大同學會書院希望繼續為學生提供這樣的學習機會，親眼看親耳聞世界，成為真的世界公民。

▲ 曾登上時代雜誌封面的中國探險學會會長黃效文博士，在教育基金周年晚宴上，聯同到過緬甸考察的書院同學，分享獨特經歷

Gratitude and Grace

College student Anna Cheung:

I never truly and fully grasped what Myanmar had given me. The exotic experience I had over the span of six days I spent there was perhaps way too eclectic for me to comprehend, yet. I am fortunate enough to be able to travel all over the world, from Japan to Spain to Australia, but I have never felt anything close to what travelling to Myanmar had made me feel. This country has this alluring nature that is somehow extremely elusive, I was completely gobsmacked by everything I saw and felt, and still am even after two weeks since departures. Thinking back to one of the best trips I've ever been on, it all seems like a blur, but I guess the most important after all wasn't what I saw, but what I felt. For I will never forget the connections and bonds I shared with the local people of Myanmar, as there will always be a piece of my heart drifting serenely along the Irrawaddy River, forever remembering the tens and hundreds of beautiful smiles I've seen······

The lives these villagers lead are down to the basics, where the seemingly rudimentary necessity, electricity, feels so luxurious. It's hard to believe that architectures taller than three stories are non-existent in most parts of Myanmar, and children have never seen a tablet in their lives. The level of seclusion from the mainstream society and how out of touch Myanmar is with the rest of the world were something I never expected. But when I turned to observe the women, what I saw in them startled me even more. The couple of middle-aged women stood beside us quietly, with the most beautiful smiles I've ever seen on their faces, radiating the purest genuinity, sincerity and happiness. I was astonished by the amount of positive energy these women lustred, filling the atmosphere with glee with their incredible generosity. Whenever I looked at their smiles, I couldn't help but smiled as well, from the inside and out. These complete strangers somehow reminded me more of home and family than my actual home itself, the warmth and their amiability was so rare, something I don't often experience back in Hong Kong.

社區參與 ── 學校與社會結合

書院鼓勵學生關心社會，了解社會。在中三的「生活與社會」課程推行的「社區參與項目」(Community Engagement Project)，融合了體驗式學習 (experiential learning) 和服務式學習 (service learning)，目標是讓學生把課堂學習到的知識聯繫社會實際，深入了解社會問題的原因和相關政府政策，從而增強他們以後服務社會的意識；學生在此過程中也可發展自己的性格強項。學生分為小組，選擇如老人、貧窮人士、新移民、殘疾人士、少數族裔等議題，設計和推行一項研究和服務計劃，最後進行反思。

全方位學習下的精彩人生

書院畢業生 Rina Cheung 小學時在傳統公立學校渡過，那時功課很多，校園環境競爭激烈，令人感到很大壓力。當時她的妹妹正在港大同學會小學讀書，父母和她看到妹妹過着截然不同的生活，便一致決定在中一時選擇港大同學會書院就讀。來到書院後，她覺得學習氣氛輕鬆愉快，初中時更沒感受到甚麼讀書壓力。加上學校提供了很多延伸學習活動，她參加了羽毛球隊和排球隊，能有時間投入並享受校園生活，整個人都比以前開心了。

Rina 對科學有興趣，加入科學小組後，她和同學一起潛心發明、研究，團隊中的老師也會從旁指導，幫助他們搜尋資料，給他們解釋深奧的科學原理，提供了很大協助。2017 年，Rina 和兩個隊員一起參加「羅氏少年科學家大獎」，運用科學知識、發揮創意，設計可改善人們生活的產品：一個讓落後國家的人民使用的低成本簡易濾水器。對於落後地區來說，最重要和急切的是減少飲用水中的重金屬含量，他們想到利用便宜而容易種植的芫荽來吸走水中的重金屬，使水中重金屬含量大

幅下降至人們可飲用的程度。這個發明為他們贏得比賽第四名，給她很大鼓舞。這次的經歷令她的思維模式有了很大改變：既然做實驗時花了那麼多時間、那麼辛苦，也能堅持下來，回家後同樣可以堅持溫習，完成學習目標。

書院令 Rina Cheung 獲益良多，除了鼓勵她發揮潛能，更教會她謙虛與關愛。讀書期間有很多到世界各地開眼界的機會，中四時她和同學去了柬埔寨，為當地兒童服務。此前她從沒有去過那麼落後的國家，也沒有住過那麼簡陋的房間：沒冷氣、十幾個人共用兩格洗澡間。他們要幫當地居民打造一口水井，也給每家每戶送上柴米油鹽等基本物資，還要教兒童英文、數字。這次經歷令她大開眼界，發現很多唾手可得的東西原來都不是必然的，在世界上，有些地方連基本生活條件也無法滿足，令她反思：這個世界不是只有自己看到的一面，還有很多是自己看不到的東西，只要有能力，就要幫助他人。

World Cup Champion of Freestyle Skating (2015)

College graduate Anson Chan graduated from HKUGA College in 2017, and then pursued a Bachelor's degree in Management with Finance at the University of Warwick. He was the champion of freestyle skating in World Cup 2015 and Asian Cup 2018. Currently, he is studying at Cornell University for Master of Applied Economics.

"Through interacting with my university colleagues from many other secondary schools, I discovered that the emphasis on nurturing enthusiasm is what differentiates HKUGA College. Being enthusiastic simply means doing what you truly enjoy, and our school has a great reputation in discovering and building such passion. Throughout my years at the college, I was not only encouraged to engage in my sporting career but also offered specialized education support whenever I took breaks for competitions. I wouldn't be able to easily shift between academics and sports without the care of teachers and the holistic development initiatives curated by the school management. When I interviewed for Cornell University (which I currently study at), they mentioned that universities, especially the Ivy League ones, greatly appreciate enthusiasm as a personal trait. I am therefore extremely grateful for the school's approach in cultivating enthusiasm, which eventually becomes a signature characteristic for HKUGA College students and alumni."

劍擊運動的笑與淚，贏與輸

家長 Agatha Ip：

我的大女兒 Sheryl 現時就讀中五，是個運動健兒。然而令人意想不到的是，她小時候喜歡看書、畫畫等靜態活動，不愛運動，走路的時候還常常摔倒。這一切改變，都源於小四時的延伸學習活動：劍擊。

學校為了讓學生全面發展，有機會接觸不同的學習領域，便設有延伸學習活動，讓他們自由挑選。當時女兒對劍擊感到好奇，就去學習了。初時她學得十分開心，總在放學後回來說打中了誰誰誰，說自己擅長「防守還擊」。那時一家人對這項運動仍感到十分陌生，直到女兒小五時被教練挑選加入了劍擊校隊，更代表學校參加學界比賽，才讓他們一家大開眼界，發現原來有很多人從小學習劍擊，打得非常好。

女兒小時候特別怕痛，學劍擊後卻能適應和克服被劍刺到的痛；懂得坦然面對輸贏，以及學會堅持不放棄，有了很大改變。2021 年東京奧運會，Sheryl 在電視直播上看到港隊劍擊代表張家朗落後反擊，最終贏了奧運冠軍後，受到很大衝擊，寫下了一篇心聲，也反映了她多年來的成長：

「做運動員真的一點也不容易！幾年裏，我不斷為自己定下目標而努力，花了很多血汗在劍擊，有笑有淚，有贏亦有輸。甚至與朋友聚會和娛樂的時間也沒有，只有讀書和劍擊。曾經有幾次想放棄，因為真的很辛苦。但是，我真的很喜歡劍擊，我會為自己而努力，堅持落去，很多謝一直沒有放棄過我的人，十分感謝你們激勵我的初心，讓我們一齊撐落去！」

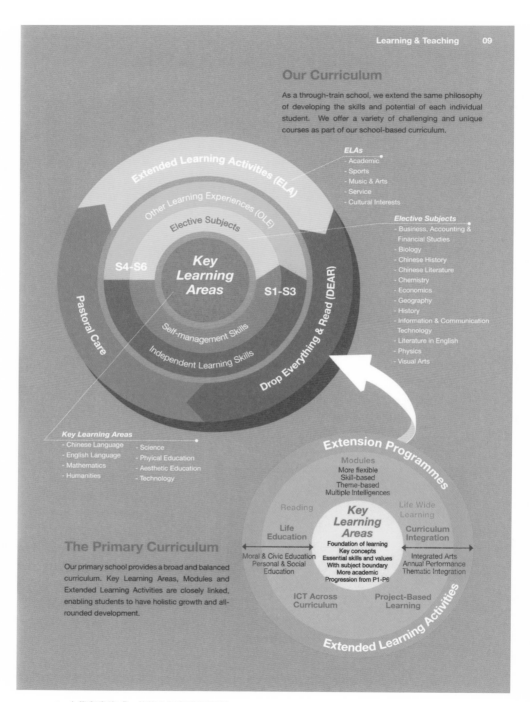

Our Curriculum

As a through-train school, we extend the same philosophy of developing the skills and potential of each individual student. We offer a variety of challenging and unique courses as part of our school-based curriculum.

ELAs
- Academic
- Sports
- Music & Arts
- Service
- Cultural Interests

Elective Subjects
- Business, Accounting & Financial Studies
- Biology
- Chinese History
- Chinese Literature
- Chemistry
- Economics
- Geography
- History
- Information & Communication Technology
- Literature in English
- Physics
- Visual Arts

Extended Learning Activities (ELA)

Other Learning Experiences (OLE)

Elective Subjects

Key Learning Areas

S4-S6

S1-S3

Pastoral Care

Drop Everything & Read (DEAR)

Self-management Skills

Independent Learning Skills

Key Learning Areas
- Chinese Language
- English Language
- Mathematics
- Humanities
- Science
- Phyical Education
- Aesthetic Education
- Technology

Extension Programmes

Modules
More flexible
Skill-based
Theme-based
Multiple Intelligences

Reading

Life Wide Learning

Life Education

Curriculum Integration

Key Learning Areas
Foundation of learning
Key concepts
Essential skills and values
With subject boundary
More academic
Progression from P1-P6

Moral & Civic Education
Personal & Social Education

Integrated Arts
Annual Performance
Thematic Integration

ICT Across Curriculum

Project-Based Learning

Extended Learning Activities

The Primary Curriculum

Our primary school provides a broad and balanced curriculum. Key Learning Areas, Modules and Extended Learning Activities are closely linked, enabling students to have holistic growth and all-rounded development.

▲ 小學與書院「一條龍」課程發展規劃

3 格物惟勤與哲學探究教學法

- ★ 通識科的思維訓練
- ★ 何謂哲學探究教學法
- ★ 到澳洲取經
- ★ 哲學探究課堂是怎樣的
- ★ 哲學探究課程的編排
- ★ 思考方法的學習
- ★ 對教師的巨大挑戰
- ★ 調查研究肯定成效
- ★ 格物、求真、求善

「明德惟志、格物惟勤」是兩校的校訓。單周堯教授向書院的師生解釋「格物惟勤」時說：研究事物能通乎萬物之情，達至極點，這就是「格物」；學校的基石在致知格物，一意精研學術，求善求真。

通識科的思維訓練

早在 2010 年，教育基金就已帶領書院在通識教育科教學時，着重學生的思維訓練。雖然教育局已在 2021 年 3 月宣佈將通識科改為公民及社會發展科，課程內容也有所調整，但是了解書院在教授通識及人文學科的教學經驗，也可以從側面看到教育基金注重思維鍛煉的教育理念和靈活變通的教學方式。

通識科是書院學生在中學文憑試其中一個表現十分出色的學科，除了因為老師的專業素質和努力以赴之外，亦因為採用了創新和有效的教學策略與方法。教育基金曾邀請對通識教育有深入和獨到研究的曾廣海（商界）協助學校規劃以概念為本 (concept-based) 的教學計劃及教師培訓計劃。曾廣海曾在兩個學年先後在中五和中六示範教學通識科，其後在兩個學年又為通識教師進行培訓。

正如書院余嘉寶老師指出，通識科課程看似空泛，但是只要對這科有深入認識，就會發現這是以概念為本的課程，當中有大大小小的概念需要學生學習，而不是空洞的泛泛之談。在考評時，若學生希望取得較理想的分數，在闡述論點的時候便不能單單表示自己的看法，還要運用與課程相關的概念來作出分析，以緊扣日常生活的事例來支持自己的論點；例如講及居住環境和生活質素的議題時，學生也許要考慮運用生物多樣性、競爭性的概念來闡釋。因此老師在上課時會透過分析不同的社會時事案例，讓學生掌握課程相關的概念，從而學會如何分析。

教師對教學案例的選擇不限於最新資訊，反而更着重於該議題是否能帶出他們最想教授的核心概念，這才是他們選擇教學材料的準則。像是教授與現代中國相關的內容時，教師選擇了以三峽大壩為其中一個題材，因其關係到中國發展的不同方面（能源短缺、可持續發展、水力發電等），以及國家的綜合國力。

學生學習通識科時因而也得到思維方面的訓練。教師教學時除了以概念為本，也會融合哲學探究精神，協助學生

作出深入分析。有時候，不同老師對於同一個概念也會有各自的理解，大家的定義或多或少有差異，老師要經常一起討論，確保彼此對基本概念有一致的看法。除了統一教師對於核心概念的認知，他們也會討論用甚麼方式上課。通識科的課堂形式很多元化，有小組討論、辯論等，也會與其他學科一起進行跨學科學習，充分照顧學生的學習興趣和差異。有些教師還會參加校外培訓，引入新的教學方法，持續提升學生的思維能力和對於各種價值觀的反思。

書院教授通識科的目標之一是培養學生的多角度思維，教師並非單方面地向學生灌輸知識，而是引導學生思考不同的因素及可能。學生經過學習後，儘管未必能具體回答個別事件的詳細內容，但是當問及他們有沒有留意時事，或者對社會上發生的一些事情的看法時，他們會有意識地引用於通識科課堂上學到的概念和事例來分析，表達自己的想法，這樣通識科教師就十分滿足了。

何謂哲學探究教學法

「在未來的世界，知識很容易獲取，也會不斷更新，學生今天學到的知識，在畢業後可能已經過時，因此學校不應單單停留在傳授知識上。知識和技能會被取代，唯一不能被替代的就是思考能力、分析能力，我們要培養學生深入分析、思考和推論能力，擴闊他們的眼界和思想。」書院校監林樊潔芳就是基於這個看法，向教育基金推薦 Philosophy for Children (P4C) 教學法。

兒童哲學教學法是一套啟發學生思維的教學法，讓學生對個人思想和周遭世界有新的見解，早在 1960、1970 年代已由美國哲學教授 Matthew Lipman 提出，其後逐漸發展成為兒童設計的哲學思維訓練方法，當中的「哲學」指向的是對不同課題有更深層次的高階思考。在哲學探究（Philosophical Inquiry, PI）的教學模式中，教師擔當的是啟發、推進的角色，推動並發掘學生的深層想法，最終希望培養學生的 4C：Caring Thinking（關愛思維）、Creative Thinking（創意思維）、Collaborative Thinking（協作式思維），以及 Critical Thinking（批判式思維）。

到澳洲取經

2016 年，校監林樊潔芳、教育基金的麥齊明（工程師）及曾廣海和書院老師共六人率先參與了由香港教育學院舉辦的 P4C 工作坊，了解和觀察在香港推行 P4C 課堂形式、學校的參與模式和教師培訓情況。其後教育基金的謝錦添、曾廣海和麥齊明找到及聯絡了身處澳洲、曾與 Professor Matthew Lipman 共同研究的 Dr. Philip Cam，期望對這套教學法有更多了解。2017 年，經 Dr. Philip Cam 的推薦，教育基金成員和兩校老師一行十多人前往澳洲布里斯班 (Brisbane) 幾所學校考察，看見年幼的小學生，在上課時也十分專注，認真聆聽每個人的說話，提問和回應都有理有據，甚至在小息時仍會聚在一起討論問題。麥齊明分享說，他在與當地小學生閒談時，對方提到將來也想升讀教授哲學探究的中學，因為感到很有趣，這些學生的表現令他們留下了深刻印象。

當時剛加入書院一年的科學科陳善瑋老師便主動報名前赴澳洲交流，期望嘗試創新的教學方法，幫助學生成為更好的人。在澳洲期間，她親身感受學校實行 PI 教學法的成效，有些學校甚至推行這套教學法將近 20 年，學生面對不同的概念，都能侃侃而談。這些學校不是視哲學探究教學為必須完成的任務，而是真的相信 PI 能幫助和促進學生的思考能力，這些年來它們積累了很多經驗。

考察後，教育基金成員感到，哲學探究教學法既符合「四大基石」的教育理念和「格物唯勤」的校訓，也能配合社會

發展需要，讓學生接受高階思維訓練，有助培養他們獨立思考的能力，認為這套教學方式十分適合書院的學生，可在書院先行嘗試，校董會和學校領導亦十分支持。教育基金於是邀請 Dr. Philip Cam 來港為書院老師和教育基金成員進行培訓，並為學生上了數堂示範課，展示如何以不同方式刺激學生思考。

▲ 教育基金邀請 Dr Philip Cam 來港為書院老師及教育基金成員進行培訓

PI in Action — eye-opening school visits during a study trip to Australia

College teacher Saria Chan (陳善瑋):

During the visit to Australia back in 2017, a team consisting of the Education Foundation members, Primary and College teachers visited schools in Melbourne and Brisbane. All schools shared invaluable lessons in their implementation of PI, one of which had made a strong impression on me. It was a lesson demo by the Buranda State Primary School with Year 1 students on the topic of Stealing and Borrowing. A student was able to tell how it was different to borrow a pen from someone versus stealing it and giving it back later. I was amazed at the high level of thinking that was demonstrated by the students but even more astonished by the teacher who was facilitating the session so effortlessly and I was hooked.

After that trip, I was convinced about the power of PI and determined to learn to become a better facilitator. I hope to play a part in bringing this treasure back to Hong Kong. Learning about PI has not only made me a better PI practitioner but also a better teacher, and I owe it to PI to continue to inspire and empower other teachers in joining the venture.

哲學探究課堂是怎樣的

哲學探究 (PI) 課堂一般是這樣的：

1. 熱身活動：刺激學生思考，引導他們參與其中，並準備其後所需的思考工具。

2. 啟迪：利用文字、圖畫、影像或其他資訊展示一個情境，讓學生提出問題，決定討論議題。

3. 討論活動：學生圍坐在一起，互相交流意見，提出問題後，就會進入概念遊戲環節或活動環節，期間他們可運用不同的思考工具輔助討論，老師也作為討論者參與其中，並適時作出引導。

4. 反思：討論過後，學生與老師一同反思早前的探知過程，總結學到的和應用過的思考工具和技巧。

在這個過程中，學生將學到如何思考問題、表達自己的觀點，並為自己的觀點尋求論證，也懂得聆聽他人的想法，和他人有效溝通，令思考習慣更加理性和全面。

Adapted from P4C Skills Table from Australian School and Prof. Cam Advanced Level Training Materials

v3_Sep 2021

HKUGA College PI Skills Map

Note: the ideal PI lesson contains a questioning, reasoning or conceptual exploration skills + a community skills

Questioning Skills	Skills to be developed	Foundational	Building	A step further
	Questions*	Forming Questions	Categorising questions	Questioning within the community of inquiry
Reasoning	Justification*	Giving reasons	Quality of reasons (weighing / evaluating reasons)	Plausibility of Evidence (weighing / evaluating reasons and evidence)
	Assumptions (implicit premise)	Uncovering assumptions	Is this assumption reasonable?	Testing assumptions with counterexamples
	Inductive reasoning	Making inferences	The role of prior knowledge and experience	Strength of probability
	Deductive reasoning	Parts of the syllogism	Validity and soundness	
	Identifying Premise	Uncovering premise	Is this premise true?	Testing premise with counterexamples
Conceptual exploration	Clarification*	Clarifying your own ideas	Seeking clarification from others	Clarifying the ideas of the community
	Distinction*	Similarities and differences	Making Distinctions (categorical / comparative)	Degrees of Difference (comparative)
	Dealing with criteria* (Categorical)	Developing criteria	Testing criteria with counterexample	Evaluating Criteria and forming definitions
	Exploring ideas	Making connections	Building on ideas	Following the thread of the argument
	Exploring disagreement	Respectful acknowledgement, agreement and disagreement	Exploring reasons for agreement and disagreement	Considering a variety of perspectives, possibilities and suggestions
Multiple (R+C)	Examples and counterexamples*	Forming examples	Forming counterexamples	Applying counterexamples to test your thinking
Multiple (R+C)	Summarising	Identifying key idea	Paraphrasing and summarising	Prioritising ideas

▲ 書院哲學探究 (PI) 課程技能發展圖舉隅

哲學探究課程的編排

在教育基金的推動下，書院由 2017 年開始推行哲學探究教學法。書院在應用 PI 時分成兩方面：第一、教授學生哲學思考方法，第二、提供探究環境，讓學生選擇題目，由老師引導和參與，一同討論探究該課題，從而學習思考方法。學校在中一及中二的五個學科（英文、人文、生活與社會、科學及數學）採用哲學探究教學法，學生每年會在這些學科中共有約 30 節 PI 課程，學習各種思考方法，培養好問求知的精神，令思想更加敏銳。中三學生則可選擇修讀共八小時、四堂課，專門教授哲學探究的單元課程，以整合他們在中一、中二所學的各種思想方法，並能更深入地學習和探討各種課題和哲學概念。

中一和中二學生在每一至兩週內上一堂 PI 單元課。老師會在課程中尋找一些能發揮哲學思維的探究元素，將其變成問題，讓同學從哲學角度思辨和探討知識背後的邏輯或價值觀，例如：甚麼是生命？用動物來測試藥物成效是否有道德問題？這些議題往往沒有標準的對與錯，也沒有既定答案，學生討論不同的可能，最後看看能否取得共識。在討論過程中，學生學會分析、推論、比較，從而建構更理性的知識體系及更敏銳和全面的思考模式，促進同學們能活用這些思考方法，有更好的提升和進步。

再舉一例，在科學課上，老師與學生圍圈坐在一起，討論甚麼是「生物」與「死物」。學生需要自己討論和設定標準 (criteria)，以判斷甚麼是生物、甚麼不是。有學生提出：「狗是生物，因為狗會動。」可這時又有同學表示：「單車也會動呀。」這時他們開始思考：狗和單車的分別是甚麼？「單車不會呼吸。」同學提出了新觀點。這時，老師指出：「不過細菌也不會呼吸，可是細菌會動，也是生物哦。」

大家通過討論提出問題，再通過討論找到答案，彷彿逐漸得出「生物」的必須條件時，老師又從另一個角度提出新的問題，引導學生更加深入地思考本身對「生物」的認知，甚至推翻本身的認知，產生新的判斷。

思考方法的學習

這樣的思考方法讓學生從內容學習變成思維模式的學習，鍛煉他們的思辨能力、分析能力、協作能力等，對他們往後學習不同學科的知識，以至與親朋好友相處、未來面對工作挑戰，都有很大幫助。尤其現時很多學生都是獨生子女，在成長過程中容易形成自我中心的思考方式，未必懂得理會或願意聆聽他人的說話。PI 課程很能讓他們明白「聆聽比說話更重要」的道理，學習主動聆聽和理解別人的話，懂得如何提出理據表達意見，思考不同解決問題的方式，最終 4C（關愛思維、創意思維、協作式思維、思辨式思維）得到提升。

對教師的巨大挑戰

在 PI 課堂中，老師和學生同是學習的中心及主導者，老師要走出傳授知識的角色，成為引導者（Facilitator）和共同探究者（Co-inquirer）。他們不一定知道問題的答案，而是在哲學思考的方式下，和學生一起探討與學習；期間老師透過不斷提問，引導學生探究問題背後的邏輯、關係或價值觀念，協助他們更深入和全面地建立對每件事的認知和思考。這樣的課堂，對老師的教學帶來促進和挑戰。

在教育基金推薦下，書院部分老師前往澳洲的學校了解和學習 PI 教學法，作深入培訓。確定實行這套教學法後，全校絕大部分教師，無論是否需要教授相關課程，都接受了來自澳洲的專家學者來校進行的兩天基本培訓，並考取 Federation of Asia-Pacific Philosophy in Schools Associations（FAPSA）初級證書，而教育基金也成為了 FAPSA 的海外會員。這些培訓課程是 FAPSA 按老師的教學需要而設計，十分實用，為老師帶來很大幫助。書院現時也是國際組織 International Council of Philosophical Inquiry with Children（ICPIC）的成員，積極參與不同的國際教育會議、研討會及其他交流活動。

儘管老師們在培訓時有很多心得和想法，但是到了真正實踐時，卻大感無從入手。回到學校，正式開始上 PI 課堂時，陳善瑋老師只覺得有很大挑戰。人們問她：「你上課也不用教甚麼，為甚麼還會覺得更難教了？」因為作為引導者，老師需要眼看四面、耳聽八方，聆

聽並記錄每位學生的話。他們需要比學生想得更多更遠，考慮學生有可能會說些甚麼，在適當的時候提出適當的問題引導他們深入思考，理解他們的意見及結論，卻不能影響他們的討論結果。在提問及反思時，最重要是點出學生平時學到的思考方法，協助他們鞏固概念。每一次上課對老師要求很高，就像一場新的考驗。

在教授有關環境的一課時，她提出了一條問題：「殺掉所有蟑螂是不是好事？」在討論時，大部分學生都說好，這時，有一位學生指出：如果環境需要多樣化，那麼，如果所有蟑螂死了，可能就會影響很多生物的食物鏈，令整個多樣化的環境系統出現改變。其他學生聽了也覺得：不行，我們很多人也許不喜歡蟑螂，可是不能忽略牠在生物多樣性大環境中的作用。身為老師的她並沒有說些甚麼，然而由於一個學生提出了不一樣的觀點，就令其他學生的想法和態度出現改變：不能只考慮個人喜惡，要考慮大環境。在那一刻，她就知道自己在教授的課堂很有意義：學生學到的不止知識，還能產生思維轉變，於是她開始更加努力，學習更多課程規劃和哲學探究教學法的相關知識。

PI 教學法既能給學生帶來啟發，還能讓老師從中學習。書院的老師們也會組成好問求知的社羣，集思廣益，一起研究怎樣計劃課程，討論怎樣引導學生多元思考，並會互相觀課，提出改善建議。籌備 PI 課堂的過程雖然艱辛，但是能夠培養學生的高階思考能力，讓老師願意持續探究應用這套教學法的最好方式。

調查研究肯定成效

教育基金在引入 PI 後，亦成立了相關小組，不時開會檢視書院的教學進展，提供協助，並與學校一同參與對外交流活動。教育基金也聯同書院在 2020/21 年間做了一次研究調查，檢視 PI 教學法的成效。調查訪問了各級老師和學生，了解他們的感受和心得，初步發現師生都認同 PI 的成效，學生無論是在課堂上或日常生活中都懂得嘗試或運用相關思考方法，尊重別人，耐心聆聽不同意見，以更多例子來說明自己的想法和處事。

2021 年研究調查後，書院設計了新的 PI 課程安排：以班主任課結合學生輔導作為教授 PI 思考方法的主要課節，而中一和中二級則在英文和自然科中抽部分課節繼續選題作 PI 教授，中三延伸學習活動 (ELA) 的 PI 課也將繼續。這在新學年新環境下優化資源運用的安排，教育基金繼續給予全力支持。同年暑假，書院與小學共同舉辦了 PI 暑期網上課堂，由小五、小六、中一、中二學生一同參與，探索在小學融入並實踐這套教學法的可能。

小學多年來在教與學上都推行 3I (Inquiry, Interactive, Independent Thinking)，鼓勵學生探究和以多角度思考。小學老師鍾劍峯及宋寶華獲頒 2015/16 行政長官卓越教學獎 (數學教育學習領域)，以表揚他們發展校本「增潤課程」及建立學生的「描述及解釋能力」和「判辨、建構及歸納能力」，讓具潛質的學生在數學上保持興趣、發揮所長。

一些老師近年也嘗試將 PI 融入教學計劃中，例如在數學課試點引入 PI 教學法，學生在分組討論時有了更出色的表現。以往他們要在幾分鐘的討論內表達自己的想法和聆聽他人想法，不少學生往往簡單重複他人的意見就算了；在引入哲學探究後，老師能刺激學生更深入地思考問題，學生也能更好地表達自己，在他人表述時認真聆聽，在討論中有所思考：我的想法和他一樣嗎？有哪些地方一樣？哪些地方不一樣？現在他們更投入討論，懂得提出自己的意見，而非簡單複製他人的想法交差了。

STUDENTS' REFLECTION (HOW HAS PI LESSONS GIVEN YOU MORE INSIGHTS?

PI session has let me to know more about **how to think more,** think about the long term effect and **respect** others people idea .

It is important to learn to look at things from **different perspectives**, as it is useful for answering different questions and solving problems.

We get to learn how to **think in different ways (different perspectives)** and also practice **critical thinking for making choices**.

all of the lessons have given me different insights on different topics, it has slightly helped to to think deeper and **ask more questions**.

▲ 小學升中同學暑期到書院參加 PI 課的反思

格物、求真、求善

"Learning is about being able to ask questions"（學習就是要學會提問），港大同學會書院期望哲學探究能為學生建立一個「好問求知的社羣」，他們可以在這樣的社羣當中安心而自信地學習探究求真：

- 我們互相聆聽，促進彼此了解；
- 我們將他人的想法發揚光大；
- 我們尊重自己、同學和我們的學習環境；
- 問題不一定只有一個正確答案。

學校希望 PI 能走出課室，滲透到校園生活的不同領域，為學生塑造更理性關愛的互動氣氛。書院校監林樊潔芳則期盼書院能累積更多哲學探究的教學經驗和成果，未來能與其他學校分享，並推廣這套很有意義的教學法。

讓哲學思考走進學校生活

港大同學會書院各科老師在融入哲學探究教學法的同時，也會教授學生提問技巧，讓他們有能力思考更具哲學意味的問題。在書院為中一至中三學生而設的生活與社會課程中，便也應用了哲學探究教學法，讓學生得以通過沒有絕對「對與錯」的答案來鍛煉思維能力，反思自己的人生價值。

對於書院的學生來說，他們不少出自中產家庭，在學習有關香港本地社會、國家發展、個人成長等課題，例如講及貧富差距時，彷彿不是太能確實理解及體會。因此老師也會通過哲學探究的方式，培養學生的價值觀和同理心，讓他們反思自己能為社會上有需要的人提供甚麼幫助。待學生升上中三時的社會服務學習計劃中，學生就要將想法化為實踐，分組計劃怎樣為社區服務，例如有的學生提出售賣代用餐券的概念，然後他們要製作計劃書、向餐廳推廣，並為有興趣參與的餐廳製作宣傳品，真正將在課堂上學到的知識和反思連結至真實生活，這些項目經歷都有助於加深他們對中一、中二時學到的東西的印象。

4 東西方文化結合

★ 提供語言的鑰匙

★ 從閱讀中學習

★ 培育學生的中西文化素養

★ 感受不同地方的文化

★ 學好中國語文、歷史和文化

香港這個國際大都會以中國人為主體，又匯聚了世界各地的人才，是東西方文化結合得相當好的城市。隨着中國改革開放的發展，香港特區行政長官於 1997 年回歸後的第一份《施政報告》中便提出了這樣的目標：「所有中學畢業生都能夠書寫流暢的中文和英文，並有信心用廣東話、英語和普通話與人溝通。」自此推行普通話課程、培養熟練掌握「兩文三語」、「中英兼擅」的青少年，成為了中小學的一個主要教育目標。

然而，社會氣氛和語言環境等因素，都成為實行「兩文三語」教育政策的阻力。港英長期統治的歷史，以及香港作為一個國際城市的商業環境，令到香港人普遍「重英輕中」，英文中學遠比中文中學受歡迎，尤其在 1998 年政府推行「母語教學」後，初期僅有的一百間英文中學成為了「名校」，大受家長與學生追捧，吸納了大部分成績優異的學生，也促使人們對「學好英文」更加重視。1999 年，課程發展議會便建議以普通話教中文（普教中）的教學方式為發展目標，以提升學生的中文和普通話能力。

回歸 20 年以來，本地學生的中國語文能力普遍未見顯著的提升，而更甚者是學生普遍對中國歷史、文化和現況都缺乏足夠的認識與興趣。那麼，主張「東西方文化的結合」的港大同學會小學和書院，又是怎樣培養學生的中英語文能力，以及對東西方文化的認識呢？

提供語言的鑰匙

港大同學會小學和書院都以普通話教授中文科，而書院大部分科目以英語授課。為了讓學生在小一及中一時適應，避免因語言問題打擊他們的學習興趣，兩校都做了很多準備功夫。

學好普通話最重要的是掌握拼音。小一時，學校會透過大量課堂教學遊戲，教授學生認識聲母、韻母、四聲等的拼寫規則，也會鼓勵學生在遇到不認識的字詞時以拼音代替，既能進一步熟悉拼音，也能無障礙地以文字來表達自己的想法。小一、小二階段，老師也會為學生準備附有拼音的文章及圖書，鼓勵學生閱讀及朗讀，對於讓他們愛上閱讀、認音詞彙都有很大幫助。

小學的三任校長梁淑貞、任竹嬌、黃桂玲都對學校的英語教學和英語教師培訓作出不少貢獻，加上家長重視子女的英語學習，因此小學學生的英語水平有

相當好的基礎。可是，小學以中文為主要授課語言，由外校進入書院中一的多數學生都來自中文小學，因此書院在每學年 9 月開學後不會在中一課堂馬上以英語授課，而是以過渡課程介紹在科學、數學等各個科目會用到的英語詞彙和表述語句，並介紹學校的各方面，讓學生先適應學校的新生活和新的授課語言，至 10 月才開始正式以英文授課。

書院還特別開設跨學科的語言課程，每兩週一次，協助學生適應新的授課語言和掌握以英語學習其他科目的技巧，例如學習描述圖表的語言、描述一件事的原因和結論、記筆記的方式等，並要做練習熟悉起來。這些語言看似簡單瑣碎，但是若學校沒有專門教授，而各科老師也不會專門去教的話，學生在應用英語描述起來就會感到很困難，在上課時很可能受到語言能力的限制，原本簡單的知識看起來也變得複雜了，令他們的學習信心受到打擊。書院以跨學科課程統一教授，協助學生在上課時有更好表現，也能增加他們的學習信心。

從閱讀中學習

無論是中文還是英文課堂，培養閱讀興趣，讓學生「從閱讀中學習」，都是兩校老師的教學目標之一。事實上，「從閱讀中學習」也是教育局課程改革的四個關鍵項目之一，當局希望學生透過閱讀能夠提升語文能力、溝通能力，也能養成興趣，並在理解書本內容的同時培養思維能力、擴闊眼界，接納不同的意見、文化和價值觀。

傳統語文教學以教授課文及文法為主，然而培養學生對語言的興趣才是重點。小學的語文課程「以文學為本」，加入大量東西方文學名著、圖書或兒童文學作品作為教材，讓學生接觸更多優美的語文篇章，以提升學生的閱讀理解能力和文學素養，也能培養他們的閱讀興趣。小學中文科設有兒童文學課，根據初小及高小學生的語文能力安排學習不同的文學作品，以共讀、提問、繪圖、角色扮演、模擬對話、小組討論等方式，教授作品主題、角色情感、寫作手法等，讓學生在故事世界中自然而然地學會語文。

在教學以外，兩間學校均有一句口號：D.E.A.R.，即 "Drop Everything And Read"

（放下所有事情來閱讀），鼓勵學生無論在何時何地，只要有空，就可以放下手頭上的事情，開始閱讀。由於兩校的功課量適中，學生也有更多時間閱讀，小學和書院圖書館的藏書均逾萬冊，學生也很容易找到自己有興趣的書本翻閱。學校為學生營造喜愛閱讀和語言文化的環境，為他們的語言學習打好基礎。

小學設有閱讀時間（Reading Time），

每天學生都要閱讀中英文書各 15 分鐘，從小養成閱讀習慣；又設有作家作品研讀（Author Study），引導學生認識不同的作家，主動閱讀更多文學作品，潛移默化地打好語文根基。學校時常舉行閱讀活動，像是「讀書比賽」（Battle of the Book）：學生閱讀由中文、英文、數學、常識科老師選擇的指定圖書，然後回答問題，以比賽的方式引起他們的閱讀興趣，例如「書中人物扮演日」

▶ D.E.A.R. 色彩繽紛的
小學圖書館

（Book Character Dress Up Day）就是很受學生歡迎的活動，他們在當天會打扮成不同的書中角色，連老師也會參與其中；還有「睡衣日」（Pajama Day），小朋友穿上睡衣甚至帶着自己心愛的毛公仔，穿上拖鞋去上學。這天的英文課，老師會把燈光調暗，小朋友坐在地上、抱着毛公仔閱讀，讓他們感到閱讀是很生活化、很輕鬆的事情。

校內的讀書會不時邀請嘉賓或作家擔任講者，與學生分享閱讀感受或寫作心得。校方也鼓勵家長和子女一同閱讀，設有親子閱讀活動，例如在午膳後的休息時段，會有家長義工以粵語、普通話或英文為學生講故事；又鼓勵家長為子女登記閱讀量，每學期每班閱讀最多圖書的三位學生可獲頒獎狀以示鼓勵。

書院也設有閱讀挑戰比賽，每個月會公佈該月閱讀主題，學生在每年 10 月可報名參與，每月根據閱讀主題完成閱讀計劃，並在月底提交簡短的讀後感，圖書館管理員閱後會計算一分，最後看完八本書的學生就會獲得獎項嘉許。學校也設有閱讀學會推廣閱讀，學生每兩週都會和老師一起閱讀一本書，討論書中內容及相關話題。這些活動都為兩校學生營造了良好的閱讀風氣，使校內閱讀風氣盛行。

▲ 同學帶同心愛的毛公仔回校，一起參與睡衣日閱讀活動

認識一位作者

S1 Chan Wing Tsun Valerie 的家長：

小學英文科有一個讓家長十分欣賞的課程，就是每個學年老師都會帶領學生認識一位作者，介紹他的個人經歷和作品特色，並欣賞他的一部作品，然後學生可在圖書館尋找該作者的其他著作繼續閱讀。六年過去，學生便熟讀了六位作者的著作，從中不但鍛煉了語文能力，也培養了文學素養。

除了鼓勵閱讀，兩校在教授中英文課時十分注重對學生文化素養的培育，通過各種有趣的活動和遊學交流，帶領學生深入體驗東西方文化。像是中文科曾為小六學生舉行有關茶文化的單元活動，由茶藝導師教授學生茶道知識，學習泡茶、喝茶的禮儀，學生還能在課堂上親身體驗。延伸學習課程的普通話才藝校隊也曾開設京劇小組，將傳統戲曲表演融入普通話學習中，學生通過學習戲曲故事、人物的扮相服飾、道具、唱詞等，既能練習普通話，也能了解戲曲文化，還能嘗試「唱大戲」，為學習增添了不少樂趣。

培育學生的中西文化素養

東西方文化結合,是以中華文化為我們的根源,因此兩校在中國語文教育方面,除了着重語文能力外,也用各種方法去促使學生認識中華文化,培養對國家、民族的感情。

小學中文科組內設有中華文化及歷史推廣組,舉辦不同活動,例如以中秋節、設計京劇面譜、中國園林設計、詩畫同源、通過劇場遊戲及選段排演的「戲說三國」(《三國演義》)、漫話敦煌等

等。小學亦曾組織學生到北京與姊妹學校——北京東高地第二小學進行航天科技學習活動,並學習北京的藝術文化。2019 年,小學為拓展學生視野,舉辦了佛山嶺南文化藝術學習之旅,令學生加深學生對廣東嶺南文化的認識,包括建築、歷史、剪紙、陶藝。獅藝國術及粵劇等。行程包括參觀南方古灶,學習陶瓷製作,探訪小學的姊妹學校佛山禪城區環湖小學;兩地學生進行深度交流:本校學生走進校園體驗當地課堂及參加小組活動,感受兩地學習文化;參觀獅藝表演、粵劇或南海博物館,認識中國嶺南文化。

▲ 同學們花盡心思設計和製作中國古代服飾

小學高小學生也曾與書院的中二、中三的學兄學姊一起前往敦煌及西安，參與六日五夜的歷史、文化、藝術考察之旅。除了參觀莫高窟等名勝古跡，他們還與敦煌市第二中學的學生交流，學習他們的民族舞蹈，又欣賞了情景劇《又見敦煌》，感受絲路文化。這些活動，為學生帶來豐富的學習體驗，令他們深刻地感受到中華文化與自己的連繫。

書院的中文科每年會舉行「中國文化週」活動，每年都有特定主題，並在一星期內，以遊戲、比賽、戲劇、影片觀賞、書展、角色扮演等多元化的活動，讓學生了解與主題相關的語文、文化、文學、歷史知識，從中感受到東方文化的精髓。以「中國文化週」為例，

每年的「中國文化週」儼如一個小型的「文化嘉年華」，各級學生皆會針對主題（如金庸武俠小說、周禮等），透過不同形式分享及交流人物事蹟、以及相關文學及文化知識，建立校園中國文化氛圍，感受文化精髓。2019 年的「中國文化週」主題便是長達八百年歷史的「周朝」，期間中一學生欣賞由中二學生製作的廣播劇，學習與周朝有關的成語；而中二、中三學生又為全校設計了不同的攤位遊戲，讓同學們在遊戲中吸收與成語典故及周朝禮儀相關的知識；中四學生利用環保物料為周朝名人設計服裝，在時裝表演中重現經典歷史場景；中五學生則經由演講比賽將周朝的哲學思想和處事觀念應用於現代生活中。短短一星期的

▼ 高小學生與初中同學一起參加敦煌西安歷史文化藝術之旅

活動豐富多彩，讓各級學生都對周朝的禮儀和人物事跡，以及相關的語文、文學和文化知識有了更多認識。

書院第三任校長葉天有是以英語為母語的；他除了在創造英語環境做了不少工作外，也重視鼓勵學生對中國文化多體會，例如配合中國喜慶節日，大家都穿華服（校長則穿長衫），更有舞獅等活動。再者，每年中文科亦會舉辦不同的課外活動，培養學生的語文及文化涵養。如帶領初中學生走訪中上環文物徑，感受香港的風土人情；透過中文戲劇班，引領學生親身感受不同的經典作品；舉辦中文演講興趣班，訓練學生「以言傳情」的能力。此外，學生更會化身為中國文化大使，主動籌辦各類語文活動。如近年便舉辦了「追本溯源」的活動，帶領同學了解字詞的源流。

書院近年亦成立了中國文化委員會，推廣各類文化活動；本年更以「孝道」及「師道」為主題，透過一系列的節日及文化活動，希望同學傳承「百行孝為先」及「尊師重道」的文化精神。在節日慶祝活動中，學生透過中秋短片拍攝、新年揮春設計及全校元宵慶典，感受中國傳統文化中的家庭團圓之美。學生更在「紙上談心」的活動中，分別撰寫了家書及心意卡予父母及老師，傳遞對他們栽培的感恩之情，躬身實踐並承傳可貴的文化精神。

▼ ▶ 中國文化週

書院曾經通過文灼非（傳媒界）邀請著
名作家白先勇先生來校演講，介紹他的
寫作經驗；又曾邀請李美賢教授來講敦
煌文化，以及研究饒宗頤學術成就的學
者來介紹。中文教師和學生在每次文化
講座之前都認真準備，例如向同學先行
介紹有關講者和主題，接待和主持工作
都交由學生擔任，該段時期也在圖書館
展覽有關作品和展品等。白先勇先生和
李美賢教授等講者事後都表示對學生的
良好表現有深刻印象。

▲ 2014 年，教育基金恭請白先勇教授莅臨書院作專題演講，就着在全球化的環境下中國文學發展的路向，
啟導師生

▲ 白先勇教授演講後更與書院的中文閱讀大使懇談，垂聽學生閱讀教授小説的心得，回答學生提出的疑問

書院在內地與多間中學建立了姊妹學校關係——上海田家炳中學、北京中學、佛山市第十中學、浙江省寧波市同濟中學，並經常組織師生互訪交流學習活動。

▼ 2016 年，三十六名來自姊妹學校上海田家炳中學的一眾師生到訪書院，進行學術的交流與體驗。他們參與旁聽的課堂包括有數學、英語、人文學科及生活與社會科等，更由學生伙伴帶領下參觀校園，感受不同地方的文化

感受不同地方的文化

書院的英文科每年會舉行「英語週」活動，每年都有特定主題，並在一星期內以多元化的活動，讓學生了解與主題相關的語文、文化、文學、歷史知識，從中感受到西方文化的特點。

兩校的老師也會善用假期帶領學生外遊，親身感受不同地方的文化。小學的小六學生曾於暑假前往英國劍橋接受為期兩週的課程，接受來自劍橋大學和牛津大學的學生導師授課，也會四處考察，感受當地濃厚的人文學術氣氛。

新加坡的德明政府中學（Dunman High School）積極提倡正向教育，推廣中國文化。書院與該中學保持聯繫，透過網絡進行師生交流，例如書院和該中學的30多位學生曾分為不同組別，就着聯合國17項永續發展目標（Sustainable Development Goals）的題目，集中討論，提倡保護環境的方法。兩地學生又上網討論，互相分享疫情下的資訊，並自組辯論，進行網上比賽等。

小學亦在內地與北京東高地第二小學及佛山市環湖小學建立了姊妹學校關係，在2019年舉辦了佛山嶺南文化藝術之旅，探訪姊妹學校讓學生交流學習，建立友誼，更拓展學生視野，讓學生加深對廣東嶺南文化的認識，包括建築、歷史、剪紙、陶藝、獅藝、國術及粵劇等。

▲ 書院英語週

▲ 英國劍橋暑期學習課程

▲ 佛山嶺南文化藝術之旅

學好中國語文、歷史和文化

兩間學校致力以多元化方式教授「兩文三語」，學生在學習語言時獲得豐富的學習體驗，加深對中華文化和世界各國的認識。兩校學生在英文的表現出色，尤其書院有豐富的英語環境，學生的英文實際運用能力接近國際學校的水平。然而學生的中文水平及對於學習中國文化、中國歷史的興趣，普遍而言還有待提高，始終令校方及教育基金關注。教育基金設立的「兩校銜接專責小組」，由書院的前教務委員 (Academic Councillor) 梁兆強（前教育局官員）任召集人，在 2018/19 和 2019/20 的兩個學年，他帶領兩校中文科的負責老師集中商討議定了對學生中文能力的分階段的期望水平 (bench-marking)。其後教育基金在 2020 年專門成立「兩校中文教育組」，由馮可強（教育基金副主席）任召集人；繼續和兩校中文科教師團隊一起努力，促進兩校在落實中文教學銜接計劃的成效，讓「十二年一貫」的教育模式得到更有效發揮。

中華文化是我們的根源，因此未來兩校將要更加積極去提升學生的中國語文能力，加強他們對中國文化和歷史的學習興趣與動機，幫助學生建立國民身份認同，培育他們的中華文化素養。

▲ 廣東歷史文化藝術探索

走在電子教學前線

★ 小學早着先鞭

★ 培養學生自主學習

★ 學生喜歡網上學習平台

★ 持續推動自主學習

★ 書院及早掌握電子學習趨勢

★ 改變老師的教學習慣

★ 培養出色的數碼公民

香港政府自 1998 年起推行資訊科技教育[6]，直到 2020 年，新冠肺炎（COVID-19）疫情爆發，全港停課，各間學校迎來一場使用資訊科技來教學的大考驗，也引發教育界進一步關注教師的資訊科技水平，以及思考電子學習的實際成效。香港青年協會在同年 7 月公佈的一項調查顯示，有 60.4% 受訪學生表示疫情期間使用電子學習時缺乏學習氛圍，有 56.7% 的學生表示難以專注學習，更有近 30% 受訪者認為教職員在使用電子教學工具時有困難。然而，港大同學會小學及書院面對這場考驗，卻在校內外獲得一致的讚許。

小學早着先鞭

港大同學會小學早在十多年前已經留意到世界各地推行電子教學的趨勢，並開始應用網上教學，引入 Edmodo 及 e-class 等平台，增加學生學習時的互動和趣味，也讓他們能更迅速地完成老師的指示。

小學在發展電子學習時有兩大宗旨：一、以現時的資訊科技支援及優化日常的學與教，二、裝備學生以應付將來需要。當中有三個 "I" 是重點，分別是 Independent Learning（自主學習）、Interactive Learning（互動式學習），以及 Individualised Learning（個人化學習），期望電子學習可以更加照顧不同學生的個人需要，增加師生及學生之間的互動，以及讓學生更容易管理及掌握自己的學習歷程，從而逐步建立自主學習的能力。

為了順利發展電子學習，學校在教師培訓方面下了很多功夫。根據小學資訊及通訊科技科主任何少楓表示，電子學習小組在初期嘗試了很多不同的網上平台，找到了很多合適的教學工具，於是他們便開始考慮如何教授老師在課堂上應用這些工具，令每一科的老師都能懂得運用電子學習平台輔助教學。學校也給教師相關培訓，以免他們額外再花大量時間去摸索電子教學的應用技巧上，佔用本身準備課堂的時間與精力。同時團隊也會教授老師運用電子學習的方式，例如當老師提出沒時間在課堂上逐一聆聽學生的口語演說時，他們便會建議老師讓學生錄音再上傳，老師可在課後聆聽錄音及評核，為課堂任教節省更多時間；又建議教師根據教學重點來為網上平台的教學資源分類，以便學生可根據學習能力及需要來預習和溫習；以及拍攝不同學習主題的短片，上載至平台上，供學生預習。

自 2013/14 學年起，小學善用校本電子平台，在主要學習領域以 LMS 支援教學需要、輔助學生學習。對於很多學校來說，LMS 是用來收發功課、提供教學資源的平台，但是小學在發展資訊科技早期已經考慮怎樣利用 LMS，讓學生通過學習，養成時間管理、學習過程管理及知識管理的技巧和習慣，潛移默化地培養他們主動地自主學習。

培養學生自主學習

舉一個例，之前教師教授某一課堂後，可能只是在網上批改該課的功課，但學校進一步運用平台，將該課相關教材（包括短片、剪報等）全都整理好，上載至平台上，學生看到後，就能清楚了解這一課是通過哪些元素學習到的，也能讓他們認識到，在學習其他新知識時可以事先準備些甚麼，遇到不懂的東西時可以怎樣找資料，面對零碎的知識點時可以怎樣整理，這些遠比單一地學習某些知識更重要。

每當嘗試嶄新教學模式的時候，無論教師還是學生，甚至家長，都面對不同的難題。對於大部分小學生來說，他們不了解電子學習的長遠成效，有時反而會覺得麻煩，像是本來做完工作紙就可以了，現在完成後還要拍照，並要上載至平台上，才算是交了功課。校方收到學生和家長反映的問題，便積極想辦法跟他們溝通，並請家長協助低年級學生交功課；在學生需要使用特定應用程式或網上平台做功課或交功課時，教師也會提供示範短片或指引。一、兩個月後，有些家長會主動反映看到好處了，原來這樣能清晰了解子女的學習歷程；而學生也發現，原來平台可以成為另一個與老師和同學溝通的途徑，若遇上難題或想發表看法，都可在此獲得老師以至同學的幫助及討論；在課堂上來不及學習的內容，也能通過平台及時重溫。漸漸全校上下都習慣電子學習模式，學生也能更加主動地學習。

2017 年，時任常識科科主任王明慶在《教師文集 2017》上以五年級常識科的教學經驗，分享了〈運用電子學習平台支援常識科學與教的成效〉一文。當時常識科的做法是利用翻轉課堂（Flipped Classroom）的教學方法，讓學生先預習，初步了解即將學習的內容，上課時教師藉由分組討論及各種活動，與學生共同探討較為艱深的內容，令學生更深入及鞏固地吸收知識。在上一堂常識課之前，教師會通過網上平台上載多媒體

學習資源，讓學生預習備課。而學生在網上留言回應，也能讓老師了解他們掌握的知識及難點，從而調整教學方向。上課時，教師會提供學習工具，讓學生驗證自己學習到的知識，並會協助他們建立正確的概念、釐清誤解。下課了，學習尚未結束，學習能力較高的學生可通過相關的學習資料進行延伸學習，學生們也可在網上平台重溫曾於課堂上展示的學習資源，或觀看針對普遍學生學習難點的教學示範短片，進一步鞏固學習成果。

的教學理念或形式，覺得對教學及學生有幫助，就會勇於嘗試，同工間也積極互相幫助配合，成為了他們在推行電子教學時一份極大的助力。

學生喜歡網上學習平台

根據 2017 年時小學對小五學生的問卷調查顯示，有超過 90% 學生表示喜歡網上學習平台，並認為平台有助他們在課前預習，以及在課後重溫課堂上的學習資料和進行延伸學習，而約 85% 學生指出平台有助他們改正錯誤，幫助他們自主學習。

這份調查結果也令教師十分鼓舞。港大同學會小學在電子學習方面的發展，少不了的是教師團隊的齊心協力。老師們喜歡嘗試新的教學方法，只要認識了新

持續推動自主學習

創新科技日益躍進式的發展，將會愈來愈方便人們可在無論何時何地，並根據自己的選擇和進度去自主學習。近兩年的全球性疫情更迫使學校去適應電子教學的使用，往後亦會更普遍採用電子教學和實體教學的混合模式。因此，培育學生自主學習的態度、方法和習慣是愈來愈重要的。為了持續幫助學生負責任地學習，懂得管理及掌握自己的學習歷程，小學的今後三年計劃將會參考 Zimmerman's SRL Model，積極推動「自主學習」(Self-regulated Learning, SRL)。

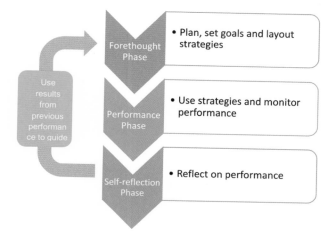

Forethought Phase	• Plan, set goals and layout strategies
Performance Phase	• Use strategies and monitor performance
Self-reflection Phase	• Reflect on performance

Use results from previous performance to guide

書院及早掌握電子學習趨勢

港大同學會書院亦是一樣，早在教育局推出「電子學習支援計劃」(WiFi100，2013 年) 之前，全校已安裝了無線網絡設備，皆因教育基金和校董會早就看到電子學習的趨勢。美國部分州份早在 2009 年便為學生提供電子課本，澳洲則與新西蘭在同年進行網上教材研發等，其後數年間，世界各地迅速開展電子學習的教育模式。而在香港，教育局未正式推行電子學習前，書院已在物色老師成立小組，展開相關工作。

▲ 兩校教師新加坡專業發展之旅

2013 年，書院和小學的老師和校長去了新加坡參與交流活動，了解當地的中小學是如何推動電子學習的。其後書院成立資訊科技發展委員會（IT Development Committee）開始積極討論及大力發展電子教學，教師嘗試各種電子教學方式後，發現對教學有很大幫助。2014 年，學校加入 WiFi100 計劃，獲得資源進一步發展網絡及硬件設備。同年書院成立電子學習委員會（e-Learning Committee），起初主要應用於資訊科技及數學等理科，後來漸漸推展至人文學科。

隨後資訊科技領域發展迅速，網絡速度變快、雲端技術成熟、各種流動電腦設備如平板電腦等相繼出現，書院的電子學習邁向了新領域。2015 年，學校推出 BYOD（Bring Your Own Device，自攜裝置）計劃，即要求學生於入學時準備一部電子產品，類型不限，只要能上網、使用校方選擇的各種網上學習平台就可以了；而全校教師都獲一部平板電腦作教學之用。直至現在，全校基本上每人都有一部自己的電子產品了。其後學校進一步尋求改善 LMS 系統，學生由中一入學開始，都可在平台上交功課、尋找共享的學習材料，為教與學增添不少便利。

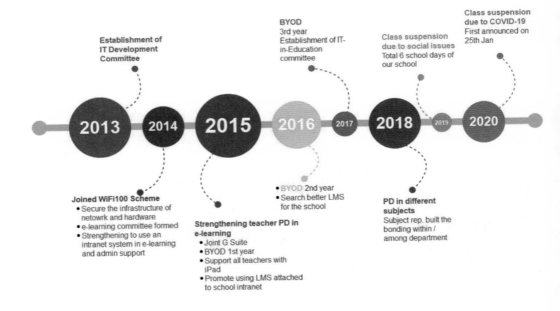

改變老師的教學習慣

書院的資訊及通訊科技科主任卓瑞倫指出，發展電子教學在技術上其實並不困難，最困難的是改變老師的教學習慣。每位老師在自己的領域都是專家，教學工作忙碌，要讓他們嘗試自己不熟悉的東西，尤其在進行「翻轉課堂」時，往往需要老師花費大量時間在鏡頭前拍攝短片，會有所抗拒也是人之常情。然而無論書院還是小學的教師團隊都普遍年輕而有幹勁，持續追求進步，加上學生也會主動提出想通過電子平台上的學習資源學習、藉由教學短片重溫課堂上的內容時，老師也會從善如流，踏出電子教學的腳步。

電子教學的最終目的是傳遞知識、促進互動、培養學生的學習能力；老師能有效掌握電子教學的技巧並懂得如何妥當運用，才能為學生提供他們需要的東西。兩校為教師提供大量支援，尤其在推行電子教學初期，開設各種工作坊，向教師講解應用學習管理平台的理念和作用，以及對學生提供幫助，掌握學生學習表現、照顧不同學生的差異。當他們學會並熟習各種電子學習資源，懂得如何應用，看到當中的益處，就會有信心嘗試，運用在日常教學中。

為提升電子教學的專業水平，教師團隊除了會在學校推行相關計劃時接受校內培訓，也會主動參與校外的電子學習分享會或工作坊，教師之間還會分享交流電子學習的新趨勢或各科的成功教學經驗。現時書院教師會自行開辦工作坊，並將教學分享或新技術的影片及步驟放在網上，讓其他老師也通過網上學習，吸收更新的電子教學知識。

培養出色的數碼公民

由 2021/22 學年開始，小學也推行類似 BYOD 的計劃，以便學生在課堂上及回家後，都能以同一部平板電腦來記筆記、做功課，提升效率，減少學生在學習時的困難。書院現時每科都有各自的網上教學方式，老師在課堂上進行電子教學時，授課過程也很順暢；學生們都已習慣上課時在哪裏找學習資源，可以說，電子學習早已融入兩校校園裏了。

電子學習對學生學習有很大幫助。對學習有困難的學生來說，以前他們在課堂上遇到難題，又不敢向老師求助的話，往往會對學習造成障礙，長此以往就會喪失對學習的興趣。現在利用網上平

台，他們能自己找到答案，也可在網上與教師及同學交流，令學識更鞏固。而對於主動學習的學生來説，電子學習提供充足資源，幫助他們提升學習能力，掌握自己的學習歷程。在推行電子學習時，硬件一般不成問題，反而是很多學校在面對電子學習時往往不知從何入手，既擔心教學方式不當影響學生表現，也不敢嘗試新的技術。港大同學會小學及書院都正面應對，積極協助教師團隊熟習各種電子平台，也針對性地通過電子教學促進互動、提升學生自主學習的能力，將教學模式由老師教授轉向學生學習，為新世代培養了出色的數碼公民。

▲ 同學在家中上陶藝課，互相展示作品

迅速應對　真正做到「停課不停學」

2020 年的新冠肺炎疫情令全港中小學校數度停課達數個月，不少學校需要急匆匆地將教學資源上載，教師急忙拍攝影片或以網上實時教學的方式授課，令他們手忙腳亂、疲於奔命。然而，港大同學會小學及書院因早已建立良好的電子學習基礎，在面對突如其來的停課消息時，也能迅速應對，及時將授課地點由校園轉移至網絡上，令教學無需受疫情影響而中斷，學生能繼續學習。

當中，港大同學會書院便因為在停課後三天便開始網上教學、不到兩星期便能如同正常時間表一樣實時上網課，這樣快速的反應和先驅網課安排，得到家長的讚賞，更獲傳媒廣泛報道。這是怎麼做到的呢？

書院負責統籌工作的資訊科技委員會主席的助理校長楊繼文指出，早在教育局宣佈於 1 月 25 日停課時，校方已經預計因疫情嚴重，可能要停課至少兩至三星期，因此教師同工早就分頭想辦法，嘗試不同的實時課堂平台，務求能無縫將日常授課銜接至網上實時課堂的模式。

1 月 29 日，校方決定了以 Google Hangouts Meet 作為網上實時教學系統，這時負責的小組已預計好怎麼教授其他老師和學生試用系統。第二天，他們便和各科主任開會，試用系統，熟悉操作方式。由於教學工具只有些微改變，但是運用的技巧是相似的，校內各科組的反應很快，老師們迅速熟習系統，並嘗試通過系統來開視像會議。此後數天，他們請中六級學生嘗試以系統上課，老師也不停試驗。他們最擔心的不是轉變教學模式是否麻煩，而是課時已經很緊張，不能再等了，既然系統和學生都已經準備好，那便實行吧。2 月 5 日，書院正式根據新的上課時間表，開展網上實時教學了。

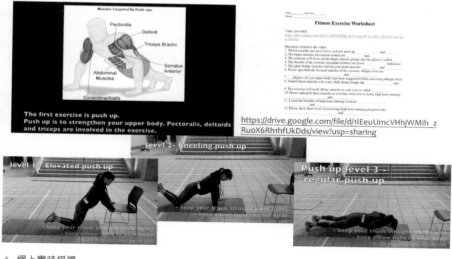

▲ 網上實時授課

港大同學會小學同樣在 2 月初便開始網上教學。不過由於小學生在進行網上課堂時多需要家長陪同或協助,因此校方起初以預錄影片作為停課期間的教學方式,沿用師生及家長均熟悉的網上平台,由老師錄製影片上載至平台,家長及學生可以隨時下載及觀看。教師也要定期回校開會,討論及安排拍攝內容。每科的功課也有所調整,每份功課都讓學生可在 15 分鐘內完成,再上載至平台,由教師批改。至於每週四都有簡單而不評分的評估,以便老師掌握學生的學習進度,隨時調整課堂設計,確保教學質素。其後有見於停課時間延長,小學也逐漸轉移至網上實時授課的教學模式。

兩校能夠在停課後迅速應變,全賴多年來奠定的電子教學基礎。無論是學生、老師、家長都已熟悉網上學習模式;學生家中也已有可用於網上學習的工具,他們也養成了主動學習的能力;教師團隊會不斷學習,根據教學方式改變而作出轉變,致力解決當下遇到的各種問題;這些都是兩校能在短時間內於全校實行網上授課的基礎。這樣一來,學生也不會在停課期間浪費寶貴的學習時間,或因困在家中、無所事事而影響身心健康。能在網上看到熟悉的同學和老師,互相交流,彼此支持,更讓學生感到十分親切和開心。

▲ 在家中依上課時間表上網課

兩校老師都表示，在不同時間、根據不同需要，教師團隊總會及時找到不同的應對方法，回應不同的挑戰，例如小學老師為減少年幼學生面對電子螢幕的時間，需要不斷排練，務求在短短的錄影中傳遞教學重點，再輔以工作紙配合教學；而在網上實時授課時，兩校不同科目的老師會通過不同工具，模擬真實課堂的效果，例如以 Google Sheets 為學生分組，進行小組討論。常識科、科學科老師會製作實驗短片，教授學生科學知識；體育科老師更會親身上陣，拍攝各種帶氧運動的示範短片，讓學生在家裏也能多做運動。書院的學生會更因應疫情，首次舉行了網上競選的辯論活動，並以網上投票的方式選出新一屆內閣，順利過渡。

隨着停課時間不斷延長，甚至在復課後不久又要重回停課狀態，校方的重心也從維持授課，變成考慮怎樣讓學生真正投入學習，確保他們的學習成效。小學老師會根據學生的學習差異安排分組教學，並為有學習困難的學生提供更多基本練習，並為他們建立輔導小組，梳理課堂上不明白的地方；也會為學生安排日常時間表，為他們在疫情期間建立良好的學習習慣。如今他們積極研究網上評核的方式，為有可能長期出現的反覆停課作最充分的準備。

▲ 小學網上實時授課，亦同時照顧有需要回校上課的同學

STEM——
創造不可能的可能

- ✦ 創意、趣味與知識並重
- ✦ STEM 的三層架構
- ✦ 對教師團隊的挑戰
- ✦ 研究路人亂過馬路問題
- ✦ 提升校內設備
- ✦ 培育學生的綜合能力

STEM 指的是科學（Science）、科技（Technology）、工程（Engineering）及數學（Mathematics）四個科目及以教授這四個學科為本的課程。STEM 教育於 2001 年在美國提出，涵蓋 21 世紀人才所需具備的不同能力，包括思辨、解難、創造、協作、溝通能力等。自 2015 年起，香港特區政府開始推廣 STEM 教育。[7] 港大同學會小學及書院在 2016 年政府推動之初，便啟動了 STEM 教學的相關工作，校方將 STEM 元素融入課堂，構建完整而有系統的跨學科 STEM 課程，由課程規劃開始，再逐步將 STEM 元素滲透入不同學科的教學中；因而培養了一批又一批對 STEM 深感興趣的學生，更在各大比賽上取得良好成績。

創意、趣味與知識並重

「在學校新翼的 STEM House 能學到很多東西！很多老師都重視 STEM，也會幫同學報名參加比賽。我四年級時和另外兩位同學就參加了比賽，設計幫助殘疾人士和老人的工具。那時候要上很多課程，還有機會到香港理工大學上課，學習與電子相關的知識。雖然最後沒

獲獎，但是過程還是很開心的。」當被問到在學校學習期間覺得最開心的是甚麼時，小學的小六學生林柏希是這樣説的。

小學最初先了解其他學校的經驗分享，也和大學等機構合作，完成大致的課程框架。其後由數學科開始引入 STEM 元素，在小五、小六的一些班級展開綜合增潤課程作為測試，若覺得合適可行，就會在該兩年級全級推行，若發現難度較高，則在增潤班教授。現時學校的 STEM 教育當然已不止是數學科，而是跟常識、資訊及通訊科技等其他主科協作，設計專門的 STEM 課程。小學的 STEM 單元課包括銅管琴製作、設計可行車的磁浮火車路軌、製作降落傘裝置等。其中銅管琴製作融合了綜合藝術科、數學科和常識科的知識，以數學和科學知識輔助樂器製作。學生先要在

▲ STEM House 最受歡迎的設施，自行車運動環保發電裝置，達到一邊運動一邊發電之功能

這些主科的課堂上學習相關知識,例如常識科的光聲電,數學科的畫圖表、計算,綜合藝術科的音階表等,再在單元課上運用這些知識動手製作銅管琴。學生要自行對照音階表,計算銅管長度,再進行切割。只要有一點點誤差,不同銅管的長短不對,聲音就會不和諧,因此學生要不斷畫圖表計算,而最終成品分別也很多樣化。至於降落傘裝置則是要學生為樂高公仔設計一個降落傘,以便公仔在三米高的地方被拋下時,也能有足夠長的落地時間,不會因而散掉。降落傘的設計包含常識科的空氣阻力、數學科的速率等知識,學生要運用這些知識做實驗,自己設計、自己改良降落裝置,以拯救樂高公仔。

這些用心設計,創意、趣味與知識並重的 STEM 課程,目標是透過課程規劃把各科連結,提供機會讓同學綜合運用各科知識,發掘同學對 STEM 學科的興趣並培養出同學終身學習所需要配備的態度和技能。每學年有約十小時 STEM 單元課,用於教授 STEM 的綜合運用活動,期望引起學生對 STEM 的興趣,並透過不同層次的課程及活動,讓他們學會綜合運用在各科學到的知識,結合自己的創意,與其他同學一起,動手設計、製作作品,從而訓練其整全性思考能力及協作式解決問題能力。

STEM 的三層架構

至於港大同學會書院在發展 STEM 課程初期,校內老師最大的共識是:STEM 不應是獨立成科,而是具有三層架構—— STEM for ALL(為普遍學生設計的 STEM 課程)、STEM for Talents(為對 STEM 有興趣或有才華的學生安排的活動),以及 STEM for Elites(為培育 STEM 精英而設的培訓團隊),以切合普遍學生和具有這方面興趣或才能的學生之需要。書院的 STEM 單元課程乃跨學科課程,集中在科學、資訊及通訊科技、數學科的活動上,也會有各種跨學科項目。第一層的架構主要針對中一至中三的全部學生,老師會找出在這些科目內與 STEM 相關的重要知識,例如科學研究技巧、3D 設計、編寫程式(Coding),以及數據計算和分析等,在常規課堂上教授相關知識及理論,讓學生在單元課上得以運用,目標是無論學生有沒有這方面的強項,都能對 STEM 有基本興趣和認識。

在 STEM 的單元課程中,編寫程式是重點之一,學校早在十年前的課程中已有相關概念,認為這是學生在新世紀要學習的語言及基本技能。在中二的常規課

HKUGAC STEM EDUCATION - 3 TIERS APPROACH

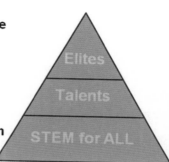

- Science curriculum
  1. Science skills module
  2. Scientific investigative skills module
- ICT curriculum
  1. 3D design and printing module
  2. Coding education
  3. AI module
- Math curriculum
  1. Data analysis and data presentation

<u>Project learning in different year levels</u>
- Technology – 3D printing project
- Scientific invention and investigation project
- 3D contour map project

程，老師會教授學生學習手機應用程式（Apps）設計，例如寫手機程式來控制機械魚的活動，或創作交友 App，設定條件以為不同朋友作配對。這些課程來自不同科目，既延續了原本的課程，也都帶有編程元素。而學生到了中三則要學習較深層次的編程語言 Python，以及人工智能（AI）相關的知識。

若學生有興趣在這些方面深入學習，課程的第二層架構便為他們提供了不同的延伸學習活動，讓有才華的學生有機會發揮所長，例如製作機械人、設計 VR 或 AR、製作 3D 動畫，甚至還能了解黑客的操作原理以防止黑客入侵網絡。學生在中三的單元課程中也可選修相關的課程深入學習。在其中一個活動中，學生用 3D 設計中國建築模型，模擬中文課教授的〈始得西山宴遊記〉當中的場景，也反映學校的 STEM 課程不僅僅與理科相關，還能以趣味方式輔助學生的語文學習。

至於第三層面則是對外參賽。學校成立了 STEM Teams，讓學生組隊參加不同的比賽。STEM Teams 分為科學與科

技兩大範疇，由 2017 年開始營運，每年都有十幾隊團隊組成，期望學生在獲得適當指導後參與比賽，取得理想的成果。在最初參與香港青少年科技創新大賽時，書院學生便以用芫荽吸取水中金屬物質的簡易濾水設備，在 120 隊中取得第四的佳績，也曾獲邀代表香港，參與全國青少年科技創新大賽。而其中的細胞研究小組還和香港大學生物醫學系合作，學生每年跟着港大的研究人員學習，再將研究技術帶回學校，傳授給更多同學。

S3 MODULAR STUDIES STEM MODULES

1. Robotics arm assembly
2. Physics in practice
3. Chemical technology
4. Biotechnology and microbiology
5. iOS programming
6. Food and technology
7. Coding and Math
8. Fun with Math and Electronics

近年兩校師生取得優異獎項

港大同學會小學老師宋寶華及鍾劍峯在「國際傑出電子教學獎」2019 STEM 教學及計算思維教學獲頒銀獎。

小學的三名同學陳卓毅 (4A)、黃銘妍 (4A)、黃諾妍 (5B) 在 2019 年參加了由 MICROSOFT 及教育城合辦的「未來校園 Future School Master Code 編程大賽」。他們的團隊以主題「A.I. 未來校園」奪得小學組的全場總冠軍。

港大同學會書院 STEM 研究隊在 2019 全國青年科技創新大賽 (全國賽) 獲得卓越成績！全國賽為中國最大型創新科技比賽；書院同學經過香港區選拔賽後獲邀參加，難得與國內外多支優秀隊伍競賽，獲益良多。劉恩希同學 (S6CY) 的項目「預言手套」榮獲二等獎及專項三等獎。余浚賢 (S6CY)、趙籽賢 (S6CW) 及黃衍睿 (S5LN) 同學的科研活動項目「逍遙物化」亦取得三等獎。

書院的四個 STEM 團隊入選 2018-2019 年第 21 屆香港青少年科技創新大賽決賽。他們在 3 月 30 日參加了在香港科學園舉行最後一次評審會。期間，書院的 STEM 團隊更與其他學校交流科學和創新科技的觀點。他們的項目「AL-armband 預言手套」可用於檢測心臟驟停和中暑情況，獲得了數理及工程 (高中組) 一等獎，職業安全健康局特別獎三等獎和艾默生電機及電子工程專項獎。' Branarians' 獲得了生物及健康 (初中組) 三等獎。另外兩個項目' Freshness Maintaining Safe' 和' Biogas bloom' 也獲得了優異獎項。

促進應變能力的 STEM 比賽

中六學生 Emily Shung 便是 STEM Teams 的一員，她的媽媽 Stella Shung 表示，女兒常常有機會參加校外比賽，有很多收穫，在待人處事方面成熟得多了。像是女兒中三時和同學一起參加了一個比賽，上半場和下半場竟安排在兩個地方，時間緊湊，連大人都感到壓力很大，他們這輩年紀輕輕的中學生卻能妥當應對，反映了很高的應變能力。讓 Mrs Shung 最欣賞的是，女兒並不是太在乎比賽輸贏，反而樂在其中，輸了就反省自己輸在哪裏，贏了也不驕不躁，繼續向前，原因之一也許是由於老師並不會在成績方面給他們壓力，而是在一旁陪伴鼓勵，支持他們持續探索。

學校不鼓吹「精英教育」，只要學生對某個領域感興趣，老師就會提供機會，協助他們深入學習。在 Mrs Shung 看來，學校有着良好的學習氛圍，除了 STEM Teams，女兒還參加了數學和 ICT 等活動，以前她從沒想到，女兒竟然有那麼多不同的興趣愛好。

對教師團隊的挑戰

在開展 STEM 課程時，兩校不約而同面對教師團隊的挑戰。尤其是並非理科的老師會先入為主地感到 STEM 很艱深、似乎與自己的本科關係不大。兩校的 STEM 團隊最初也要逐一跟科主任商量，探討有哪些課題或活動可以協同進行，他們也會為各科老師提出建議，例如建議常識科和綜合藝術科一起進行「蝸居」項目，讓學生利用不同材料，在一個小房間裏善用有限的空間，設計「蝸居」，令空間得到更有效的利用，使生活在當中的人們過上更便利舒適的生活，將藝術和社會體驗、生活經歷連繫起來，也讓學生對社會現況有更多認識。STEM 團隊也要為老師培養興趣，像是在小學新翼建成後，他們會邀請同工嘗試鐳射打印機等設備，待同工了解熟悉後，就會想到怎樣將 STEM 元素運用在課程中。

教師團隊的學習進取精神令課程的推展變得順利，同事大部分都很合作，每科都有自己點子，嘗試和 STEM 結合，在發展增潤課程時各科都會提出建議。他們的溝通緊密，有很多 STEM 活動是在正常時間表以外發生的，老師也願意付出額外的時間，為學生提供更多學習機會。因為他們最想看到的，就是學生能在 STEM 學習中成長。

研究路人亂過馬路問題

學生的成長不只在學識層面，兩校積極將 STEM 教育融入校園，並將之與社區和生活建立連繫，期望學生意識到 STEM 不只是做實驗，還能為社會作出貢獻。小學的老師宋寶華曾在 2018 年於澳洲昆士蘭國際教育會議上分享交流時，分享了學校在小六課堂上進行的 STEM 活動。學生研究學校附近十字路口的交通燈和路面情況，發現交通燈供行人過馬路的時間太短，於是很多路人亂過馬路，令路面險象環生。學生們分組合作，收集數據，思考不同的解決和改良方法，有的會反覆觀察路面情況的片段，統計交通燈轉換時間和不同時間的人流轉變；有的則以編程模擬延長行人交通燈時間的效果……最後每個小組都寫了一份建議報告，學校聯絡區議員

和運輸署，請區議員來校認真聽取獲選小組的分享，再將報告上交運輸署。學生為社區的關心被採納，已是對他們的極大肯定，也讓他們看到，憑藉自己的小小力量，也能為社區作貢獻。

書院在三層架構以外，還會舉行 STEM 週活動。書院老師林祖鵬便分享了 STEM 週活動的主題：「發生了一宗謀殺案」，學生每天都能在校內找到線索，嘗試以科學的方法猜猜誰是兇手。活動可讓全校學生一同參與，以趣味的方式接觸更多相關知識。而選修兩科或以上 STEM 相關科目的學生，還有機會在中五時參加 STEM Trip，前往日本東京參觀交流，獲得課堂上沒有的學習經歷。

提升校內設備

在完善課程的同時，兩校不忘提升校內設備。小學新翼啟用後，當中的「動感天地」和「夢工場」設有適合 STEM 教學的器具，像是 3D 打印機、鐳射打印機等；還建構了一個小型物聯網系統，學生可以編寫程式，控制課室的燈光和冷氣系統。書院也設有 STEM 課室，提供合適場地以供 STEM 活動使用。課室分成不同區域，例如生物實驗室、機械人區、鐳射打印區等，有效分隔使用各種器材的學生，以便他們順利進行創作或研究。兩校還設有太陽能光伏系統，通過科學、資訊及通訊科技、地理等知識，讓學生了解太陽能光線的環保效益。書院會教授學生以智能電錶觀察太陽能系統所供應的電量，而校舍六樓每個課室都安裝了獨立電錶，以便學生觀察冷氣使用量，從而懂得節能省電。

培育學生的綜合能力

雖然兩校平時的教學已強調專題研習、高階思維、團隊合作，但是 STEM 單元的專題研習對綜合能力的要求更高、所花時間更長，對學生的學習、思考、解難和溝通協作能力要求也更高。STEM 課程往往需要學生組隊合作完成，面對沒有規範的課題，學生很容易有天馬行空的想法，直到動手製作後，發現原來可行性不高、有機會失敗，於是就要不斷討論、重新調整想法，重新設計改進成品，設定可達到的目標，這些都能鍛

煉他們在項目管理方面的能力，並學會面對失敗，與同學一同磨合、解決問題，建立正面的關係，過程中對他們的個人成長有很大幫助，而最後完成作品，他們也會有很大滿足感，對學習產生更大熱情。

書院老師林祖鵬指出，有些學生的學習進度很快，掌握的能力甚至比老師還出色，老師有時也要依靠他們協助，因此也會讓他們在延伸學習活動中擔任領袖角色，指導剛入門的同學，在技術層面盡情發揮他們的領導才能和創意。

充滿幹勁的 STEM 團隊

除了 STEM 課程，兩校也會讓學生參加不同類型的 STEM 比賽及活動，展示他們的學習成果。現在學校培訓的參賽小組越來越多，例如港大同學會書院現時便有 6 至 8 隊科學團隊、15 至 16 隊科技團隊。

培訓一隊學生設計實驗、獲得成果，以至參與比賽，師生需要投放的時間以百小時計。學生需要運用在不同學科學到的知識，在項目中展現出來。過去書院曾參賽的項目包括：研究蟲穴的修復能力、中藥的殺菌情況、以太陽能製作海水電解、AR 模擬蠟燭等。

學生在公開比賽中獲取了不少理想成績。在 2019 年的第 20 屆香港青少年科技創新大賽中，港大同學會書院派出了四位學生組隊參賽，他們研發的機械臂手套取得了第一名，其後團隊又參加了全國青少年科技創新大賽，贏得二等獎的殊榮。

STEM 多個團隊均努力不懈，卓然有成。生命科學與工程團隊便是一例。

LIFE SCIENCE & ENGINEERING TEAM

7 與自然共存的 生命教育計劃

★ 近距離接觸大自然

★ Adventure-based Life Education (ABLE)

「天地與我並生，而萬物與我為一。」
——《莊子‧齊物論》

「親親而仁民，仁民而愛物。」
——《孟子‧盡心上》

「以類合之，天人一也」
——董仲舒《春秋繁露‧陰陽義》

「民吾同胞，物吾與也」
—— 張載《正蒙‧乾稱篇》

「人與天地一物也」、「仁者以天地萬物
為一體」、「仁者渾然與物同體」
——程顥《河南程氏遺書》

"The paradigm has shifted so that
the environment is viewed as a larger
ecological system of which humans are
merely a part. Humans are expected
to co-exist with nature. Thus, a current
aspiration is to ensure the well-being
not only of humans but also of the
planet" (*OECD Future of Education and
Skills 2030 Project Background*)

近距離接觸大自然

中國文化的儒、釋、道三家，都將人
與自然或外部世界的關係看成是和諧
的、互相依存及渾然一體的。「天人合
一」的思想一直是中國哲學思想的最高
境界。

現時，「與自然共存」成為世界教育新趨
勢的一個重點，而自然教育和對自然環
境的意識應成為學校教育的一部分。教
育基金和兩校團隊都相信：要幫助學生
欣賞自然、與自然共存、以及保護自然，
首先要安排學生近距離接觸大自然。

Stop torturing animals

College student participant of the Myanmar Trip Emily Lai:

We then proceeded to hop into a fishing boat
of the local people to experience how they fish.
It was an unforgettable moment when we saw
the dolphins appeared to help the fisherman to
round up the fish. For hundreds of years, dolphins
were always there to help the fisherman and
it's a very strong and unique bond. And even
in a world where humans are selfish and often
harm the environment, it's very rare to witness
a bond like that. Whereas the bond between
the trainers and the dolphins in marine parks is
nothing compared to this genuine relationship.
However, as electro fishing and pollution occurs,
dolphins were hurt and killed throughout the
events. It's very unethical to electrocute such
intelligent creatures. I hope we humans can be
more thoughtful and stop torturing animals. More
importantly, establish a healthy relationship with
our environment. The earth is our home and all
the animals are our neighbour. Nothing makes us
more superior over all the animals so we don't
have the right to cause huge damage to them.
Personally, I'm comfortable with eating meat
and fish. Because just like lion killing deers, we
have to consume meat to meet our dietary needs.
But I couldn't accept animal torture or farms that
mistreat animals for their meat. And electrofishing
is torture to the dolphins. Therefore, I hope it
could be stopped.

2017 年，教育基金和兩校團隊成員參觀訪問了著名的 Geelong Grammar School Timbertop Campus，深受啟發。書院由 2018 開始加強組織在大自然中的體驗式學習，與國際知名的 China Exploration and Research Society (CERS) 合作組織了自然與文化保育學習，安排高年級學生分別到雲南香格里拉、緬甸、海南等地進行學習交流及文化探究。與 CERS 合作的一個原因，就是欣賞它在文化和動物的研究及保育方面的堅持。

2018 年 1 月，十名書院學生與兩位老師展開六日五夜的緬甸探究之旅。他們從緬甸曼德勒 (Mandalay) 登上「CERS 探險號」，在伊洛瓦底江 (Irrawaddy River) 上從北至南遊走。在河上，學生進行不同學習探究，如觀看及記錄候鳥，為當地政府記錄在海上漂流垃圾的數量，及解剖江上的魚類以了解江水的污染情況。在六日中最難忘的，是在江上尋找江豚的蹤跡。這次緬甸之旅，學生跟著 CERS 生物學家 Dr. Bleich 尋找江豚就是為了了解他們在緬甸宣傳停止電擊漁業的成果。當學生在第四天早上五時，寂靜等待三小時後，在江上發現江豚幼兒的一刻，他們看見了希望，親眼看見了 CERS 為生命堅持的成果。

大多數香港學生於溫室成長，市區小孩更少機會接觸田野，2019 年書院安排了 16 位中一至中三學生到訪台東的池上米鄉，進行「食農教育」體驗，並跟當地學生上課和活動，感受台灣的校園文化。

▼ 台東池上「食農教育」體驗團

Adventure-based Life Education (ABLE)

2020 年，教育基金和兩校團隊以初中和高小學生為對象，共同探索開展一項探索大自然的生命教育計劃 (Adventure-based Life Education, ABLE Project)，目標是幫助學生向自然學習，與自然共同學習，及在自然中學習 (enable students to learn from nature, with nature and in nature)，同時整合學術課程、輔導課程、全人教育、延伸課程和自然探索訓練活動，構建支架式教學 (Scaffolding Instruction)，在課堂學科學習以外提供跨領域的知識傳授，培育正向價值和態度，促進學生的體能、社會、情緒技能發展，讓學生離開舒適環境去接受挑戰，展現個人潛能。書院助理校長 Stephen Hindes 統籌了這方面的工作。

書院亦在疫情下參與了海洋公園舉辦的「聯合國 17 項永續發展目標」學習活動，安排中三學生在下午分組參觀海洋公園，進行自願體驗學習計劃，由學校 ABLE 小組及世界公民（Global Citizen）活動小組組成，老師帶領學生就着聯合國 17 項永續發展目標，對氣候變化或保護海洋生物等議題進行學習，分組考察研究鯊魚在生態系統中的重要性、探索香港鯊魚面臨的挑戰，以及重新思考人類對環境的影響；其次欣賞大熊貓的獨特性，通過科學考察分析大熊貓的攝食習性；另外參觀水族館，探索海洋生物的行為和適應能力，學會珍惜海洋資源。

書院在 2020 年參與「大地予我—田野導賞及農務體驗」，與 Gift From Land 機構合作，試驗性地舉辦了 RICE (Reimagine, Interact, Create and Explore) 項目，幫助學生通過一粒米去看世界。活動安排學生親身體驗由播種、保養到收成的種米完整過程。校方將 40 多名中一學生分為兩組，來到大埔農莊體驗本地種米過程。學生分 3 次到訪農莊，穿上水靴化身小農夫學插秧、檢視水質，並利用 STEM 課堂常用的顯微鏡，觀察稻田的生物，別以為女生很膽小，原來她們相當勇敢，完全不怕稻田生物。最後是收割稻米，親身體驗到農夫的辛勞，明白何謂粒粒皆辛苦。

教育基金與兩校將在以後繼續探討及開展其他項目。

Experienced the hardship of the farmer

College student Kellyn:

Among the three rice activities, the first time when we went for rice seedling was the most remarkable. Sun was very bright and the weather was hot that day, but it made me learn the most.

When we arrived at school and got some necessary equipment, then got on the school bus to the farmland, everyone couldn't wait to start as soon as possible. When we arrive at the farmland, we first divide into two groups to remove weeds, and to harvest seedlings and plant seedlings in the other group. Then the two groups will be reversed.

Although weed removal is not too hard, it still requires careful observation to accurately find the weeds then to remove them. On the second hand, harvesting seedlings and planting seedlings are the most tiring. First of all, the field is very deep. As soon as you step in, your whole person will sink. The soil reaches your knees and thighs. It is very difficult to move and you will not get out of the soil if no one helps you. In addition, when planting seedlings, pay careful attention to the spacing between each seedling. At the same time, the weather is hot, and we sweat heavily. One can imagine how hard it is for farmers to grow rice in the fields all year round.

After this event, I really experienced the hardship of the farmer. They have to endure the hot weather and take good care of them. We also need to cherish the food in order to pay our greatest respect and appreciation to farmers !

生涯規劃

★ 升學就業規劃

★ 北極星師友計劃

★ 學校主辦的大學博覽會

升學就業規劃

書院非常重視學生的升學就業規劃,設立了職業與生涯規劃委員會,由專責老師帶領,為學生在人生規劃、升學就業方面提供指引。學生由中一入學起,每年都會接受不同的升學及就業輔導,邀請不同行業的專家來校開辦講座,主題包括:

中一:了解中學生涯及建立生涯歷程檔案

中二:了解就業世界

中三:明智地選修新高中課程學科

中四:豐富我的新高中課程生涯

中五:探索各種事業前途

中六:報讀高等學府

北極星師友計劃

「北極星師友計劃」(North Star Mentorship Programme)是教育基金自 2010 年起專門策劃及組織的年度計劃,作為書院學生升學與就業輔導當中的一環,並得到歷任校監李黃眉波、沈雪明、林樊潔芳的大力支持。該計劃在中四或中五學生中進行;學生分為數人一組,校方邀請在不同行業具一定資歷和成就的專業人士或管理人員等擔任學生小組的導師,與他們進行一次約兩小時的小組討論,分享自己的人生經驗,學生也有機會參觀導師的工作場所,令學生對未來想從事職業的實際工作環境和工作內容有更深入的認識,了解自己未來在職業道路上所需肩負的責任和需具備的資歷。計劃進行期間,學生也要完成導師安排的作業,最後還要以展示方式向導師和其他同學分享自己的感受。這個計劃在學生高中階段需要考慮未來路向時進行,為他們提供了寶貴的機會,了解心儀職業前景,以及實用的職業資訊、職場知識等,為未來求職擇業作好準備。

曾參與計劃的中五學生 Marcus Chan 表示,學校不時舉行升學就業講座,引導學生尋找方向,以及定好方向後如何為升學作準備;而「北極星師友計劃」邀請不同領域的專家擔任導師,讓他們能向導師了解更多職業資訊。畢業生 Hazel So 也說,在參加計劃時,學校會為他們配對合適的導師,因此需要他們填寫未來的職業目標。由於她在學校參

與了很多辯論和演講活動，對讀法律很感興趣，而學校後來真的給她配對一位律師導師。雖然他們只是中學生，但是導師仍花了大量時間跟他們見面傾談，分享各種行業資訊和備戰公開試的心得，直到她順利升上大學攻讀法律，導師仍有與他們聯絡，解答他們的疑難。

由於日常校園的正面氣氛和學校對學生在生涯規劃方面的指引，書院畢業生往往在高中時已較為清楚自己未來升學就業的路向，並會堅定地朝着自己的目標前進，不會因為人們的眼光或流行的職業取向而有所變更。

學校主辦的大學博覽會

書院在每年 9 月還會在校內舉行 University Fair（大學博覽會），邀請本地及海外高等院校來介紹升學情況，以及一些曾在或正就讀的書院畢業生回校與學弟學妹分享應試及升學心得。

因此，書院學生在高中時大多已對將來升學及事業發展有較為清晰的想法和方向。由於他們在學校時已擁有相關的學習經歷，在大學選科時考慮可以更為全面，重視的是大學所學能否與自己的興趣和人生規劃結合，而非只是受成績、家長或社會功利主義的原因驅使，不少人也有着一顆貢獻社會、服務大眾的心。

▼ 書院自行舉辦的大學博覽會，為同學提供本港及外地升學資訊

不唸醫科而攻讀人類學的畢業生
回書院當老師

書院畢業生陳樂曦在港大同學會小學上學，然後升讀書院，大學後再回到母校擔任教師，任教人文學科及生活與社會科。「小學時覺得活動式教學很好玩，可以在遊戲中學習，功課也不多；到了書院，又有很多發揮機會，除了上課，還參與了各種學生領袖活動，從中學到了很多。」

兩校着重培養學生的獨立思考能力，不會填鴨式地傳授知識，加上在學期間參與了各種交流團和義工服務，令她懂得自我反思，更加認識自己。文憑試上成績優異，更獲香港大學醫學院取錄，她卻選擇按原本的計劃前往英國攻讀人類學，最後成為了老師。「選擇當老師是因為初中接觸到人文學科後，覺得很有趣，也想把這樣的經歷帶給學生。」身邊當然有聲音建議她放棄這個念頭，改讀醫科，但是她仍然很堅定，因為知道自己真正喜歡的、想追求的人生是怎樣的，「聆聽自己的聲音，才能感到快樂，並將快樂帶給身邊的人。至於社會上的標籤，我並沒有太在意。」

陳樂曦以老師的身份審視課堂，發現了很多以往沒意識到的背後功夫：備課、批改試卷……「要看多很多東西，以免學生問了問題後不懂得回答，因此事先要作很多準備。」書院經常在教學上作出新嘗試，這一點也讓她很欣賞，除了學生學得開心，老師也能增長見聞，提升教學能力。

一登郵輪，造就夢想

書院畢業生 Anthony Kwok 自小就鍾情於輪船，連老師們也知曉。2015 年，在書院唸中五時，他獲得機會參加四日三夜台灣郵輪之旅，是郵輪公司配合舉辦的生涯規劃活動 (Career Planning Programme)，讓有興趣的學生認識郵輪運作，當時共有二百人參加，書院只他一人。後來，Anthony 真的投身郵輪行業，而那二百人當中加入該郵輪公司的亦只他一人，一直服務至今。目前他在公司負責電子商貿及忠實旅客獎賞計劃，對工作的興趣有增無減。

Anthony 相信，在書院時以下幾點都對他能順利取得郵輪工作機會及事業發展有很大幫助：

1. 老師都很好；

2. 自己曾當過班長，無論領導才能、溝通能力、創造力都得到訓練與提升；

3. 書院屬全英語教學，學生在語言方面都掌握得好，這樣跟世界各地商戶往來也能勝任。

當然沒法一一道盡。

▲ Anthony 投身郵輪行業的夢想，隨着 2015 年
生涯規劃台灣之旅啟航

9 學校與社會結合

- ★「學校 +」計劃（School Plus）
- ★ 與其他學校分享教育經驗
- ★ 人生及事業教育計劃（LEAP）

「學校 +」計劃
（School Plus）

自成立以來，教育基金的教育發展委員會 (Education Development Subcommittee) 為了實現「學校與社會結合」的理念，推行「學校 +」計劃 (School Plus)，舉辦了相當多的教育研討和交流活動，邀請了眾多專家學者主講，並與教育界及社會其他界別人士分享經驗和共同探討未來發展，例如「為未來而學習研討會系列」、「教育發展與挑戰系列研討會：如何為弱勢社羣的學生拓展未來」、「中學課程改革的檢視與前瞻研討會」、「優質幼兒教育 = 別輸在起跑線？」，以及其他講座；討論的議題包括教育發展方向、課程發展、國際學生能力評量計劃、資優教育、人才發展、互聯網世代與社會新生態、STEM、兒童情緒能力發展、職業教育、大專教育、其他教育模式 (IBDP、Montessori、Waldorf)、等等。

教育基金在 2015 年舉辦的教育發展與挑戰系列：「如何為少數族裔學生拓展未來」研討會，探討本港現時教育政策是否能有效針對少數族裔學生的需要，以及政府、學校和社會各界的支援措施又是否足夠和有效；研討會嘉賓邀請了

幾位長期參與和研究少數族裔教育的學者、校長和社會工作者擔任，與近 100 名參加者分享他們的體會，提出建議。

與其他學校分享教育經驗

「學校 +」計劃也包括與各界分享兩校的教學經驗，探討關於教育界未來發展的議題，期望走出學校，與社會結合。2021 年 5 月，教育基金為了慶祝 20 周年紀念，在疫情下於小學校址舉行了正向教育研討會，由港大同學會小學和書院及其他三間中小學一起，分享在學校推行正向教育的經驗和實踐，共有 150 多人士參加。除在禮堂舉行大型研討會外，也分班房同時舉行分組講座。教育基金兩間學校所分享的經驗，是如何從理論架構、個人與社會教育課程 (Personal and Social Education)、班

級經營、E-Learning 和 STEM、全校模式、全方位學習活動、綜合藝術科、中小學銜接等多角度去培育學生的正面價值觀與態度，以及培養學生去自我管理地學習和發展。

「學校＋」計劃以後將繼續與其他學校和社會分享兩校於電子學習、哲學探究教學方法等方面的教學經驗，希望促進教育工作者之間的教學交流。多年來，積極參與教育發展委員會工作的包括現召集人戴健文、副召集人徐永華（工程師）和黎國燦博士（學者）、以及戴希立（前優質教育基金督導委員會主席）、葉曾翠卿（前教育局官員）、張國華教授（學者）、許耀賜（退休中學校長）等人。

人生及事業教育計劃 (LEAP)

20 年來，教育基金和兩校在落實教育目標的過程作出了不少新嘗試，也累積了一些經驗。教育基金也希望將這些實踐經驗與教育界同工以至社會各界分享，期望為本地教育盡一分力。教育基金參考了書院的「北極星師友計劃」，自 2011 年開始推行的「人生及事業教育計劃」，便是「學校＋」計劃的一個成功例子。

「人生及事業教育計劃」（Life & Career Education Mentorship Project, LEAP）推出時正值 2011 年，那時政府尚未開始加強本地學校的生涯教育；直至 2014 年，政府才在施政報告中提出撥款予學校，用於聘請老師或與機構合作，輔導學生規劃其職業路向。教育基金看到不少學校沒有太多資源照顧學生在這方面的需要，尤其對於學生成績處於中下游的學校來說，那些學生受家庭背景、社區環境、身邊同輩的條件限制，對整體的社會面貌未必有全面了解，也較難全面認識到不同的職業選擇，因此這項計劃的初衷是幫助一些資源不太豐富、部分學生未必能升讀大學或選擇理想工作的學校，讓學生們看到自己的人生還有其他選擇。

首年負責此項目的小組成員黃施露茜、馮可強等覺得需要跨越純粹給學生們舉辦就業講座的做法，因此與數間不同行業的商業機構合作，由公司的中層管理人員擔任導師，他們大都是在職場上有豐富人生經驗的「紅褲子」出身人士，與學生們分享從低做起的經歷、辛酸與挑戰，教導學生如何認清作為好僱員的特質，讓學生們親身接觸到良好的僱員榜樣，以期達到「生命影響生命」的目的。計劃是為一些學校的中四及中五的學生而設的，導師與參與計劃的學生配對分組，其後導師與學生以小組形式面談，由導師分享個人經歷和工作經驗。學生也獲安排到導師的公司參觀，感受工作氣氛。活動最後，學生同樣需在校園內與其他同學分享參與計劃的體會。

在 2020-21 年度，活動便有九間中學共 208 位學生，以及十間機構參與，包括中華電力有限公司、香港飛機工程有限公司、海逸君綽酒店、南豐集團等，涉及酒店、交通、餐飲、資訊科技等不同行業，以擴闊學生眼界，增加他們對各行各業的了解，見識不同的工作環境和文化。

為確保計劃成效，教育基金做了很多準備工作，在為學校與機構配對後，邀請學校的負責老師和機構導師一同參與約三小時的簡介會／工作坊，了解計劃的目的、學習如何與學生互動，並讓雙方初步認識溝通。老師和導師在初期

互相認識，彼此合作，也能幫助項目理念得到進一步實踐。鮑慧兒（企業培訓顧問）由計劃第一屆開始至今都主持工作坊。

計劃也會邀請負責老師在導師與學生見面前，讓學生先作好準備，像是提前以工作紙了解導師的行業資訊，或安排學生在活動後向同學發表演説，介紹導師的行業和公司，以及分享他們的感受，令學生在與導師見面時能有意識地留意導師的分享，並懂得在適當時間提問，了解導師所屬行業的入行資歷、該行業看重的學科等資訊，確保學生能從活動中受益。

參與計劃的導師多數由低層做起、學歷一般，大多沒有接受過大學教育，然而在公司工作期間認真努力，經過培訓，漸漸成長，也能升任中級管理層。計劃希望讓年輕學生看到，就算中學時未必

能考取很好的成績而進入大學，但是最後也能憑着自己的努力，走出自己的人生路。學生透過參與活動，聽取導師分享自己的人生和工作經歷、工作態度，從而為他們在生活上、學業上，以及未來發展上帶來啟發和思考，反思自己的生涯規劃；而體驗職場環境和文化，以及這些機構對聘用僱員的期望，也能讓學生打開眼界，清楚將來的工作方向和正確的工作態度，及早裝備自己，為投身社會作好準備。

根據過去多年經驗，計劃為學生帶來很大幫助，令他們產生信心，相信自己也能和導師一樣，將來有所成就。參與公司也覺得計劃很有意義，令他們了解參與的學校及學生背景，不少公司更會每年參加計劃。前計劃召集人文綺芬博士指出，他們（導師）分享個人奮鬥史，深刻地感染了每位同學，是生命影響生命的見證。經過數年成功地舉辦這個

▲ 2016 年教育基金與教育局合辦之「人生及事業教育論壇」LEAP 論壇

很有意義和口碑的活動，教育局遂於 2015 年主動聯絡教育基金，希望能更大規模加強與學校的合作，推廣這類型的活動，更鞏固這種商校合作模式，令到更多的老師及學生、甚至家長都能受惠。教育基金與教育局合辦了「人生及事業教育論壇」。此活動由教育局邀請全港中學參加，在截止日前共收到 64 間學校申請，經與教育局商議後，全數學校共 144 名校長及老師獲安排出席當年 5 月的教育論壇。

是次活動的目的是讓校長及老師了解不同企業的運作及僱主對僱員的要求，從而加深對不同行業的特點與生涯規劃發展的關係的掌握，更好地幫助同學計劃未來升學及就業路向。參與計劃的機構人力資源管理代表來自下列機構：中華電力有限公司、基督教靈實協會、香港金域假日酒店、香港迪士尼樂園、麥當勞有限公司、香港鐵路有限公司、玩具「反」斗城。論壇之後，教育基金於其後兩個月安排了七場機構參觀，讓校長

及老師進一步了解機構的實際工作環境及日常營運。

由十年前起積極義務協助組織和推動這項計劃的 LEAP 小組成員，包括黃施露茜、李黃眉波、黃志光 、李伍淑嫻、鮑慧兒、文綺芬、黃麗華（商界）、趙鳳儀（商界）、梁穎準（商界）、陳胡美好（退休中學校長）等。計劃如今踏入第十年，模式隨着社會發展和學生需要而不斷調整，近年計劃便因應不少年輕人想多接觸新的經濟形式，像是科網、物流等行業，而邀請了相關公司為學生分享。LEAP 小組現召集人梁家祐與其他成員正在探討：未來將引入更多新想法，例如增加導師分享次數、協助導師與學生進行更深入的交流，令計劃能持續幫助更多學校和學生，亦為不同的商業機構與學校建立連繫，目的是讓學生有機會接觸更多投身社會的人，探究職業發展路向，從而決定將來的人生規劃。

2019 年疫情前的 LEAP 起動會上，教育基金成員、機構導師與學校負責
老師濟濟一堂

第四章

總結經驗
迎接挑戰

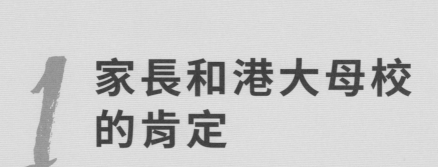

1 家長和港大母校
的肯定

港大同學會小學及港大同學會書院在創校後不久，便成為備受家長歡迎的直資學校。在教育基金成立 20 年後，兩間學校在一定程度上成功實踐了當初確立的教育理念，辦學成果得到外界讚許，兩校不斷上升的報讀人數更是廣大家長以實際行動投下的信心一票。小學在 2020 年收到超過 6,300 份小一入學申請，爭取 128 個小一學額；同年外校家長為子女申請入讀書院中一有近 1,800 位，爭取書院於接收小學直升的學生後所餘下的 90 多個中一學位，競爭甚為激烈。書院校監林樊潔芳表示，現時有越來越多從事教育界工作的家長為子女申請入學，這些家長熟悉教育發展，他們的選擇證明了其對學校辦學理念的認同，令學校上下十分鼓舞。

教育基金首任主席楊佰成曾於 2007 年榮獲香港大學頒發名譽大學院士 (Honorary University Fellow)，肯定了教育基金在促進優質教育方面的成果："During his Presidency of HKUGA, Mr. Yeung mobilized his fellow alumni to found a charitable organization in 2001 — the Hong Kong University Graduates Association Education Foundation, to promote quality education in Hong Kong, and has successfully established two Direct Subsidy Schools. In collaboration with the HKU Faculty of Education, these schools have adopted new pedagogy and learning concepts, and became model schools in education reform."（港大校方在典禮上的介紹書）。楊佰成多次表示，這個榮耀屬於教育基金所有成員和兩間學校的教育團隊。

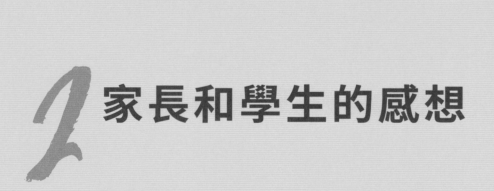

2 家長和學生的感想

有關教育基金的兩間學校的教學成效的
評估，應該要聽取家長和學生的意見和
感想。雖然我們深知在學校管理和教學
方面都有不少有待改善的地方，但整體
而言，我們相信家長和學生們大多數都
肯定，兩間學校在實踐教育基金的辦學
理念和學校使命方面，都做出相當出色
的成績。且看看以下部份家長和同學的
感想和看法。

這絕對是明智之舉

卓鋒媽媽：

經過了六年在「港同」小學及六年「港同」書院的學習，卓鋒今年中學畢業了。在今年
DSE 成績中，卓鋒取得卓越成績。沒有兩間學校的校長和老師們對卓鋒的的悉心教導、
循循善誘、照顧、以及關懷、愛心和給予他的鼓勵及機會，相信卓鋒難以取得今年 DSE
的成績及成就。

作為一個不熟悉「港同」小學的一名家長，在 12、13 年前決定送這名天真小孩入讀「港
同」小學前，我內心曾經拼命掙扎，不停重複又重複地反問自己：這是否一個正確選擇。
現在答案只有一個——這絕對是明智之舉。其實，我應該將此心聲在卓鋒小學畢業時跟
您們分享，延遲到現在才分享實在有點不好意思。若我現在再下決定，我定毫不猶疑地
把他交給「港同」小學，因為我實在找不到另一所學校比「港同」小學的老師們更有愛
心，亦能依據每位小孩的長短處，加以合適及悉心的訓練及栽培。

由仙股變藍籌

兩位學生的家長 Elaine Tam 是書院一名中六學生和一名中五學生的媽媽。她笑言，作為一個「用家」，和兩個孩子一同經歷了兩校的「一條龍」課程，看到學校因應學生的能力和才華，在他們的不同成長階段投放各種資源，讓學生獲得豐富的成長經歷。

兒子在小學時和同學一起參加足球比賽。每個週末，老師和教練都會陪他們訓練，到了總決賽當天，全校差不多所有老師都去了柴灣運動場給他們打氣，令 Elaine 十分感動，也讓學生們感受到：無論輸贏，校長和老師都會陪在他們身邊經歷這一切。無聲的陪伴，為師生之間建立了緊密聯繫，也為學生帶來很多正面影響，像是為人處事的態度，或者怎樣規劃自己的事業和人生。

Elaine 指出，近兩年由於疫情，學校不時停課或要在網上授課，然而在老師激勵下，同學們卻會自發地做很多額外的練習和試卷，再反過來要求老師幫忙評改，沒有因外在情況而影響學習進度。她說：「有一羣這樣的老師，我覺得是學校的福氣。很多家長都十分珍惜這些專業的前線老師，專業指的不僅僅是專業知識，而是他們與學生的聯繫、對學生的影響，給學生帶來了自學向上的動力。」

其實，Elaine 在陪伴孩子成長的 12 年間，也曾對兩校的教育理念感到不安：「尤其在兩個孩子還小的時候，看到其他朋友的孩子不斷操卷，兒子小六那年卻連大考都沒有，也會覺得很疑惑。那時只能憑着『不要怕，只要信』的想法，相信學校肯定會認真辦學，也相信辦學團體肯定十分重視學校的發展。」後來發現，兩校果然值得信任。

相比起學術成績，兩校更重視培養學生對學習的興趣和正面價值觀，對他們的性格塑造和思想方式有很大影響。「女兒高中時去了柬埔寨遊學，令她印象深刻，發現不是所有東西都是必然的。而在他們中三時，書院開設了很多與高中學科相關的單元課程，讓他們提早體驗，不怕將來選錯科。」

Elaine 笑道，子女初入學時，兩校並不像現在那麼有名氣，她就像是買入了一手「仙股」，並在短短 12 年間看着它變成一手大受歡迎的「藍籌股」。無論是學生還是家長都十分喜歡兩間學校。在小學為了擴建校舍籌款時，她的兩個孩子都將自己的零用錢捐給了學校，以表心意，反映了他們對學校的愛。而她自己也真心感謝學校上下付出的努力，為她培養了兩個正面積極的孩子。

蒙恩之旅

三位學生的家長譚蔡之慧：

那天拖着允祈的小手，送她上了校車，從此，我們一家便踏上與「港同」同行之路。由允祈開始，爾樂接力，加恩再接棒，由小學走到書院，三個孩子，加起來前後就是 19 年！聽起來，真的有點不可思議。

「港同」教學的模式屢有創意，我們與孩子便一同學習，一路適應，常常接觸到一些新的理論與方法，拓闊我們的眼界和視野。朋友們問起，我們到底有多少信心，自己的孩子可以在公開試的博弈中勝出？這個問題其實很實際，但又似乎並非我們理念中學習的重點。在我們看來，考試只是衡量一個學生的學習能力與成果的其中一個指標。然而，學科上的競爭力並非達至卓越人生的必然途徑。人生最終的學習課題，在我們來說，是追求真理、實踐生命中的真善美。在這一點上，我們似乎與「港同」頗有共識。

在「港同」，我們看到甚麼？記得學校有老師說過，要欣賞孩子不同的恩賜、能力，容許他們、幫助他們得以好好發揮。所以老師會盡量啟導學生，讓他們自發性學習，自由地發揮潛能。就像放風箏，要讓他們可以順風高飛，然而一旦飛得太遠、太離地，恐防斷線，便要勒一勒，把他們牽回來。這個比喻，我們一直銘記在心。每個孩子，都應該有屬於他們可以飛翔的一片天空。

喜歡「港同」的學生願意接受挑戰，又有團隊精神。我們是在這所學校，第一次接觸到不要獨贏，而要人人皆勝的道理。一個人的勝利，所得的快樂很短暫，因為沒有共享的成果可以不斷承傳和發展。個人的榮耀易生驕傲，而驕傲往往是進步的絆腳石。學校似乎刻意把學生個人的榮耀低調處理，不想把剛萌芽的幼苗壓歪。甚願這調子可以時刻唱和。

「港同」還年輕，所以走來沒甚麼包袱，仍可以作多方面的嘗試。頭上既未被光環壓頂，只要保持赤子之心，定可讓每個被這所學校培育、滋潤的學生，每天抬頭，盡見彩虹。

三年的人生蛻變

教育心理學家 Dr. Eva Lee 的女兒沈珺萄小學讀的是沈太的母校，為一間傳統著名女校，女兒也被培養得乖巧沉穩。到了升中時，沈太擔心女兒長大後依然是個「乖乖女」，沒有主見，想讓她懂得自我探索，發掘自己真正喜歡的事物，於是想到了一直欣賞的港大同學會書院，更力排眾議，讓女兒來書院就讀。「來書院讀書後，女兒的第一反應是：『好多男孩子，他們很頑皮！』大概過了一個月左右，她變得每天都很喜歡上學；一個學期後，女兒整個人都不一樣了：喜歡表達，分析力及創造力提升了很多，並有勇氣提出理據來反駁一些與自己看法不同的觀點，整個人有了很大的進步。」沈太說。

珺萄從小學時每天回家花大部分的時間做功課，但在書院就讀時每天回家便興奮地與家人分享在學校發生的趣事。她總說，男同學常常取笑她們女孩子只是英文好，數學不行，於是她決心一定不能讓他們看扁，於是花很多時間和努力學習數學。她和同學們既是競爭對手，也是學習夥伴，既互相比拼，也會在遇到難題時一起探討，共同進步。

原本珺萄的數學成績只是中游，當數學老師察覺她學習動機很高，於是建議她小息時增潤數學技巧。數學測驗可以重覆測試，直至自己認為滿意為止。珺萄培養了良好的學習動機，令她在生物、化學科都取得了很好的成績。雖然她在書院只讀了三年便離校赴海外升學，但是在這短短三年間，書院培養了她自學精神，使她善於表達自己，從一個懵懂的「乖乖女」，變成了一個果敢、自信、主動的人。沈太認為書院帶給女兒很多正面的轉變，為女兒建立了良好的基礎。

如今，珺萄在美國史丹福大學（Stanford University）醫學院的皮膚科做研究工作，明年她將會在美國入讀醫學院。珺萄以往逢暑假便會前往貧困地區幫助有需要的人，在週六則在兒科醫院做義工，照顧患病兒童。書院組織的各種社區關懷活動，讓她看到了社會上其他人的需要，培養了她為人着想、樂於助人的性格特質，令她整個人得到蛻變。

學校讓我們有夢想

兩位學生的家長 Angel Ip 在女兒畢業時寫下了一段感言，訴說子女在小學就讀後的感受：

學校讓我們有夢想。
我在小學校園渡過了八年，
現在要道別了，百般滋味在心頭。
感恩，兩兄妹能夠在這愉快校園，
渡過了美好的小學生活。

感激，學校真正做到輕鬆，有壓力的教學方法。對於家庭和諧，起了重大作用。

沒有誇大成份，愉快校園，令整個家庭生活模式改變，亦令仔女有夢想。

用課餘時間，學習喜歡的事。在不同範疇，找到自信。

考第一，永遠得一個。但有理想，努力向目標進發的小朋友，一樣可以發光發亮。

我心目中理想的學校

兩位畢業生的家長 Monita Lor：

港大同學會書院在一般外校學生的眼中是：
　一間沒有很多功課的中學
　校園生活好開心、好自由、好愉快的中學

港大同學會書院在一般外校家長的眼中是：
　一間出了兩位狀元的中學
　校園好新、好靚的中學
　老師好年輕，學生好活潑、好精靈的中學

港大同學會書院在書院學生心目中是：
　老師不只是朋友更像是家人
　書院不只是讀書的地方，更像是一個大家庭

而港大同學會書院在我心目中是：
　一所特別有應變能力的學校
　一所特別有遠瞻的學校
　一所特別願意與家長多溝通的學校
　一所特別歡迎學生發問、發言的學校
　一所特別愛護學生，尊重學生的學校

港大同學會書院是一所我心目中理想的學校。

四位書院學生 **Bowie, Eugene, Zoe, Nikki** 的家長 **Audrey Loh** 常常笑言自己是港大同學會書院的大「客戶」，因為四個小朋友都在書院讀書成長。當初選擇書院本是偶然，在替大女兒找學校時，獲朋友推薦書院，就帶了她來面試，在書院參觀時，她發現這裡和傳統學校很不一樣：校園開放，教師團隊年輕，師生很容易就打成一片，沒有距離，她覺得這裡是一個很適合青少年學習及成長的環境，在這裏，他們能像真正的成人一樣獲得尊重。

大女兒入學後很快適應，更十分喜歡老師們新穎的教學方法，像是 PI、正向教育等，既啟發她思考，亦學會正面看待一切。後來二兒子也來了書院上學。那時兒子雖是個小胖子，卻很喜歡運動，學校正正提供了大量機會，不同體育活動的導師就像是私人教練一樣指導他做運動，一年後，兒子瘦了、高大了，有了信心，整個人都變得不一樣了。

看到兩個孩子的轉變，Audrey Loh 順理成章為年幼的兩個女兒選擇書院就讀。不過她坦言，一開始當看到子女學得輕鬆，也曾有疑慮，覺得他們需要有多些功課做才好。但看到子女懂得自動自覺學習，又讓她有了信心。Audrey Loh 說，相比起成績優異，她更重視子女的學習環境、人際關係、有沒有自信心、怎麼看待世界，書院提供了很多活動和遊學團讓學生參與，學習與人相處、合作、溝通交流，這些都有助培養他們未來在生活和工作上所需要的種種特質。

現時 Audrey Loh 的大女兒和二兒子正於美國的大學就讀，三女兒和四女兒則分別是書院的中四和中三學生。她說書院的英語教學一直保持很高的水準，令子女在海外升學時倍覺輕鬆，令 Audrey Loh 十分欣慰。

在書院的美好時光

2015 年 DSE 優異畢業生 James Kwok:

時光荏苒，儘管已離開母校六年，我還不時與同學一起回味在書院的美好時光。這是一段讓我「知類通達」的時光。老師製作的課堂筆記讓我掌握基礎知識，而各科的專題研習促使我自行探究，將語文、數理、人文學科等知識融會貫通，觸類而長。這又是一段讓我「敬業樂群」的時光。「敬業」並不囿於追求學問，還包括參與課外活動。母校給予同學信任和自由，讓我在籌辦和參與學生會、社際活動的過程中學會羣策羣力、坦誠溝通。這更是一段讓我「親師取友」的時光。不論課外課內，均有良師益友互相砥礪，共同前進！在書院渡過了六年寒暑，為我刻下美好回憶的，不只是書院這個地方，更是中學生涯的這段時光。」

The liberal and caring school

Graduate of 2016, Graduate of Oxford University Dominic Li :

I am very grateful to have spent my formative years at the liberal and caring school that is HKUGA College. The decision to go straight to the College from HKUGA Primary School stemmed from my family's belief in the vision and ethos of the Education Foundation. The College's equal emphasis on the sciences and the humanities made for three fantastic junior years during which I explored my interests, bonded with my peers and spent countless afternoons in the library and the back gardens. In my senior years, I was allowed to choose the (perhaps less trodden) route of the all-humanities HKDSE electives of history, economics, and literature in English, which attests to the invaluable flexibility to design their own education that students at the College were afforded. This education has also laid a solid foundation for my post-secondary studies at Oxford and Cambridge. I remain indebted to the teachers and staff at the College who inspired, supported and challenged me, and look forward to seeing many more new generations of kind, compassionate and independent HKUGAers.

Have confidence in myself

Graduate of 2013, Graduate of Oxford University, Astrophysics Researcher Navin Tsang:

I am currently a researcher pursuing a PhD degree in astrophysics. This career requires strong self-learning skills across many different disciplines and a vivid imagination to connect various observations and theories. The school's science curriculum laid a strong foundation and scientific acumen crucial for my job, while the project-based humanities classes taught me how to be self-driven, allowing me to distinguish what's important and what's not in an evidence-based, well-rounded approach. My teachers never stopped pushing me to join competitions in a variety of fields, whether in science or sports, and asked me to have confidence in myself, helping me through failures and discouragement I often experience now as a researcher.

Cultivating enthusiasm as a personal trait

Graduate of 2017, World Cup Champion of Freestyle Skating (2015) Anson Chan:

Through interacting with my University colleagues from many other secondary schools, I discovered that the emphasis on nurturing enthusiasm is what differentiates HKUGA College. Being enthusiastic simply means doing what you truly enjoy, and our school has a great reputation in discovering and building such passion. Throughout my years at the College, I was not only encouraged to engage in my sporting career but also offered specialized education support whenever I took breaks for competitions. I wouldn't be able to easily shift between academics and sports without the care of teachers and the holistic development initiatives curated by the school management. When I was interviewed for Cornell University (where I currently study at), they mentioned that universities, especially the Ivy League ones, greatly appreciate enthusiasm as a personal trait. I am therefore extremely grateful for the school's approach in cultivating enthusiasm, which eventually becomes a signature characteristic for HKUGA College students and alumni.

Hope and strength to face
life's challenges

Graduate of 2012, Trainee Solicitor Hazel So:

Our school and our teachers were most supportive of us. They inspired us to aim high and dream big. They thought we could do anything we wanted. We were valued as unique individuals, and encouraged to develop wide-ranging interests. They gave us freedom and told us we would shine like stars. Classmates I met in the College became my lifelong friends. Now that I am formally an "adult", I am sometimes discouraged by the hardships of life. Thankfully, our school's unreserved confidence and belief in us instilled in me hope and strength to face life's challenges.

3 回首過去、迎接挑戰

★ 創會部分成員感言

★ 踏入整合發展時期

教育基金的創會成員不少都是教育界的「外行人」，本着一腔熱誠加入教育基金，由零開始，一手一腳建立了兩間新學校。這些有着幾十年友誼的校友，凝聚力強，有執行能力，決定辦學後便全力以赴。他們當時都有正職，申辦學校、商討教學理念，往往都在下班後甚至假日進行，有成員更笑言以前要「帶着飯盒開會」，是真正的「出錢又出力」。20 年過去，回想當年，展望將來，他們也有很多感悟。

創會部分成員感言

楊佰成：「20 年前栽下一棵樹苗，希望樹苗可以繼續茁壯成長，為社會培育棟樑之樹。」

蔡秀煜：「能夠參與教育基金和學校工作，令我感到非常榮幸。如果能將教育基金的事業推展開來，讓更多人參與其中，為教育作貢獻，相信是更大得益。」

李伍淑嫻：「參與教育基金和兩間學校的工作，豐富了我的退休生活；學校的成功，增添了我的自豪感。」

陳淑玲：「身為教改浪潮中的教育工作者及小學創校校監，看到兩所學校今天取得的初步成果，由衷有感：會員們 20 年的努力，不負教育改革初心！」

麥齊明：「Reshaping education for a better tomorrow ── 退休後全面參加了教育基金的工作，體會到『百年樹人』的挑戰。能有機會為培養學生思考能力出一分力，十分感激和欣慰。」

盧李愛蓮：「教育事業是社會的根本，能與一羣那麼好的同學一同參與辦學，帶給我很大滿足感。希望未來大家能繼續迎難而上，堅持不懈。」

朱周肖馨：「不忘初心，與時並進，不斷向前走。」

戴健文：「在千禧年，一個轉變的年代，我們成立了教育基金和學校，期望能為學生、為學習文化帶來轉變。如今學生的轉變和成長正是我們的成就。」

湯蕭麗珍：「一羣有着共同理想的人，一起從無到有，完成一件有意義的事，是我人生中最開心的事。」

曾廣海：「參與創辦書院的過程令我明白終身學習的重要，使我得到很大收穫。希望未來教育基金可以凝聚成一個學習社羣，培養一批接班人，繼續發揮在教育界的影響力。」

朱裕倫：「社會不斷改變，教育基金也要不斷思考如何轉變，達到可持續發展，成為『百年老店』。」

謝錦添：「喜見年輕人在開放自由、互勵互勉的氣氛中成長！」

黃啟民：「德國哲學家馬丁・海德格（Martin Heidegger）曾說：任何人都可以發揮自己最大的潛能，我們是誰可能是命中注定，但是我們要走的路是我們自己選擇的——"Anyone can achieve their fullest potential, who we are might be predetermined, but the path we follow is always of our own choosing."」

馮可強：「如果在街上遇到穿着港大同學會小學或書院校服的學生，看到他們有禮貌、有良好品格、有頭腦、關心社會，那麼我就滿足了。」

李黃眉波：「我很欣賞教育基金成員們的熱誠，他們有共同的理想，充滿衝勁，願意付出和犧牲，讓人由衷佩服。」

陳求德：「除了堅持理念，也要考慮傳承，讓接班人將我們的辦學理念發揚光大。而我們對下一代的期望是：立足香港，背靠祖國，面向世界。」

踏入整合發展時期

現屆教育基金主席謝錦添深深感到，現時管理委員會負上承先啟後的重要責任。他總結了各成員的意見，認為在經歷過第一階段的創業時期 (formative stage) 和第二階段的鞏固時期 (normative stage)，現時教育基金和兩所學校正踏入第三階段的整合發展時期 (integrative stage)；即是説，在這第三階段，他認為須要很好地落實以下的工作，以建立長期發展的穩厚基礎：

- 真正和更好地實現「四大基石」的辦學理念，特別是在東西方文化的結合及教師專業發展方面；

- 做好「十二年一貫」的教育，讓學生有健康的全人發展，能清楚呈現獨特的面貌，即是培育出甚麼樣的公民？

- 優秀的學校管理層與教師團隊的穩定性及鞏固發展；

- 教育基金團隊不忘初心的傳承與可持續發展。

在當前教育面對的挑戰下，管理委員會將組織成員和兩校團隊一起，討論教育基金和兩校的持續發展工作。

 當前教育面對的挑戰

「世界又變了！」

這是 1999 年 1 月教統會發表的《21 世紀教育藍圖——教育制度檢討：教育目標》文件的開頭語句。到了 20 年後的今天，這句說話不但仍然適用，更且要修訂為：

「世界又急劇轉變了！」

學校教育從來不是在象牙塔裏發生的，而是一向受社會和國際的大環境所影響，為了應對世界發展及社會需要而改變。近 20 年來，創新科技的跳躍式高速發展、全球化無遠弗屆的滲透影響、國際政治經濟形勢的巨大轉變、社羣趨向兩極化的對立撕裂、貧富差距日益拉闊引致的社會動盪不安、氣候變化對人類可持續發展的威脅、新冠狀病毒在全世界的持續肆虐等等；凡此種種的極不確定性，都對世界各地構成重大的沖擊，並且對年輕一代的成長產生了深遠的影響，對學校教育形成巨大的挑戰。

對辦學團體和學校領導層而言，如何應對包括政府、家長、教師、學生和各界團體的持份者日益紛紜變異的期望與要求？如何應付在客觀條件限制下，為推動學生全人教育而形成的壓力？如何維持教師的士氣與穩定？ 如何在世界和社會前景不明朗下保持信念，繼續辦學？

對教師而言，如何教導在價值觀念、意識形態的各方面都迥然不同的新一代？如何滿足政府和社會各方對教師日益增強的要求？如何應對因疫情和社會事件而要迅速應變的教學模式與安排？如何在種種壓力下維持專業精神和個人的身心健康？

對家長而言，如何在疫情經濟不景對工作收入影響下，同時處理因子女的成長和教育而形成的壓力？如何彌補子女因疫情而失去的學習時間和機會？如何在世界前景極不明朗下，與子女一起思考思考籌劃他們的升學和就業的未來？如何去嘗試了解在這時代長大的子女的心態和情緒，並可維持有效溝通？

對學生而言，如何去理解急劇變化的世界和社會？如何去深入認識自己的國家和中華文化？如何在不穩定的學習環境和時間去維持有效學習？如何在網上虛假資訊泛濫和社會價值觀歪曲下，不致迷失方向？如何管理自己的情緒，懂得明辨是非？如何計劃升學與事業的未來，去準備將來大規模的工種變化？

5 不忘初心、奮發前進

★ OECD「2030 年教育之學習架構」

★ 明德惟志與正向教育

★ 格物惟勤與哲學探究教學法

★ 與自然共存的生命教育計劃

我們如何準備學生去適應還未出現的工作，去處理我們還未能想像到的社會挑戰，及去使用還未發明的科技？我們又如何裝備學生，讓他們在一個互相連結的世界，能夠理解不同觀點，以尊重的態度與人相處，並為了促進持續發展和集體福祉而挑起責任？

我們需要繼續結合東西方文化的優點，學習教育前沿的知識和理論，並結合人文文化和科學文化，為教育的未來籌謀和策劃。

OECD 「2030 年教育之學習架構」

「經濟合作暨發展組織」2015 年開展的「未來教育與技能 2030 計劃」(the OECD Future of Education and Skills 2030 project)，提出了幫助學生到 2030 年及以後能茁壯成長所需要具備的三類「轉化型能力」(transformative competencies)：

1. 創造價值 (Creating new value)——要通過創新去改善人類的生活，學生需要有目的感 (a sense of purpose)、好奇心、開放的思維、創造力、合作精神、靈活性、適應性等。

2. 調和緊張與困境 (Reconciling tensions and dilemmas)——要懂得處理相反或不相容的思想、邏輯與立場的相互聯繫和關係，學生需要具備認知靈活性 (cognitive flexibility)、以短期至長期角度去考慮問題的分析力、同理心、尊重不同意見、創新思維、排難解紛和處理矛盾的技巧、堅韌力、對複雜和模糊情況的忍耐力、以及對別人的責任感。

3. 承擔責任 (Taking responsibility)——要能承擔起個人的責任，學生需要有一個道德羅盤 (moral compass)，相信通過努力可改變事情、並具備正直品格、同情心、自覺性、自我管治能力、反思性思維 (reflective thinking)、以及建立信任的能力。

OECD 希望這個仍在發展中的「2030 年教育之學習架構」(Education 2030 Learning Framework)，能夠扮演「2030 學習羅盤」(Learning Compass 2030) 的角色，有助於引導學生建立在不同時空掌握自己的生活能力和方式，以實現個人與社會的福祉 (well-being)。

這提供了對應時代和世界急劇轉變的教育發展方向。

在參考這個世界性的學習架構的同時，教育基金和兩所學校辦學理念的核心價值仍是「明德格物」。我們培育學生要有「明德惟志、格物惟勤」的素養，期望學生有正直的品格，具備人文文化與科學文化的素養，並掌握好的思想方法，懂得明辨是非和對錯。

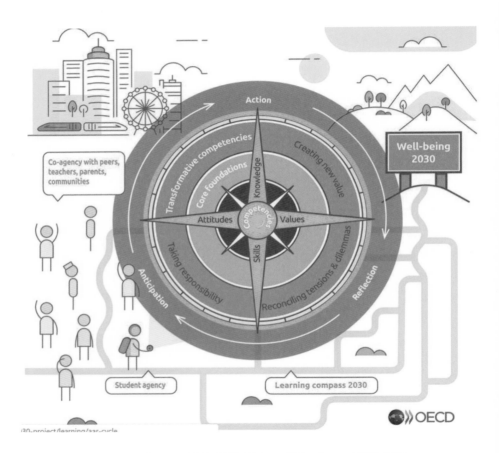

▲ OECD (2019). Learning Compass 2030. OECD Future of Education and Skills 2030

明德惟志與正向教育

正如第三章第一節「明德惟志、生命教育與正向教育」所述，兩校按照教育局有關價值觀教育（德育、公民及國民教育）的指引，培養學生九種正面的價值觀和態度（堅毅、尊重他人、責任感、國民身份認同、承擔精神、誠信、關愛、守法、同理心）；近數年來又進一步採用澳洲 Institute of Positive Education 的 Positive Education 系統化學習架構，而調適應用於東西文化交匯下的香港環境。但在東方文化的社會中，個人與社會、個人與國家的關係，始終是教育目標的一個關鍵環節。

西方有關「能力」(competencies) 的概念，比較着重人的外在表現，而在中華文化之教育理念中，更重視的是人要努力去培育內在修養，例如「正心、誠意、致知」、「修身」、「克己」、「求諸己」等的人文文化素養。我們有需要去繼續帶引學生加深認識、欣賞、認同中華文化作為大家的文化根源的重要性，提高中國語文能力，認識中國歷史。這正是實現我們「四大基石」之一的「東西方文化的結合」的關鍵。單周堯教授對兩校校訓「明德惟志」有以下解說：「大學之道，在明明德」，「明明德」，即發揚、弘揚光明正大的德性；「明德」之義，在今日來說，主要指人文關懷 —— 關注人性的提升，注重人的生命意義和價值。

因此我們必須幫助學生懂得立定志向，努力培養出崇高的品格，是謂「明德惟志」。

格物惟勤與哲學探究教學法

正如第三章第三節「格物惟勤與哲學探究教學法」所述，在教育基金的推動下，港大同學會書院在 2017 年開始逐步推行哲學探究教學法；這是源於在英國和美國教育推動兒童學習推理和論辯技能的 Philosophy for Children (P4C) 教學法。哲學探究 (Philosophical Inquiry) 可培育學生敏銳的思維，讓學生從「內容學習」變成「思維模式的學習」，鍛煉他們的關愛思維、創意思維、協作式思維、思辯式思維。這是基於西方科學文明的科學、理性、實證、客觀、反覆驗證、尊重不同意見的精神。

單周堯教授對校訓「格物惟勤」有以下解說：致知在格物，即研究事物能通乎

萬物之情，達至極點，這就是「格物」。他又引述清陶覺說：「讀書第一要有志，第二要有識，第三要有恆。」說的是同一道理。

在這個「後真相世界」(post-truth world) 及虛假訊息 (fake news) 泛濫、社會價值觀對立撕裂、是非黑白經常顛倒的時代，引導和教育學生掌握正確的思考方法，明辨是非，是必需堅持做好的。是謂「格物惟勤」。

與自然共存的生命教育計劃

環境污染和氣候變化愈來愈危害到地球和人類的未來；這尤其是年輕世代特別關注的問題。OECD 的「2030 學習羅盤」(Learning Compass 2030) 也提出：不單要確保人類的福祉，也要顧及地球；人類要懂得與自然並存。

為了幫助學生欣賞自然、與自然共存、以及保護自然，教育基金和兩校團隊由 2020 年開始，以初中和高小學生為對象，共同探索開展一項與自然共存的生命教育計劃 (Adventure-based Life Education —— ABLE Project)，安排學生近距離接觸大自然，幫助學生由自然中學習，與自然共同學習，及在自然中學習，從而促進學生的體能、社會、情緒技能發展，讓學生離開舒適環境去接受挑戰，展現個人潛能。這將是兩校要繼續發展的一個重點。是謂「天地與我並生，而萬物與我為一。」

結語

在紛亂急變的世界中，我們更覺得有責任去裝備下一代，讓他們能夠找到自己的人生定位和正確的人生方向，培育他們成為各領域的人才，達至個人、社會、國家與世界的福祉。

教育基金和港大同學會小學與書院都面對同樣的時代和世界挑戰。我們必須堅持辦學的初心、「四大基石」的理念及學校的使命，秉承「明德惟志、格物惟勤」的校訓，並建基於 20 年的辦學經驗而不斷反思總結，改善不足、精益求精，團結奮發地在辦學的道路上繼續前進！

▲ 書院十周年慶典在香港大學百周年校園李兆基會議中心大會堂舉行，維也納兒童合唱團和兩校合唱團一起演出

註釋

1 1999 年 1 月，教統會發表的《廿一世紀教育藍圖——教育制度檢討：教育目標》文件提出：社會正在發生根本性的轉變，教育制度亦必須作出相應的調整。教育改革的大前提是幫助學生透過終身學習達致全人發展，培養他們成為「樂於學習、善於溝通、勇於承擔、敢於創新」、德才兼備及具國際視野的新一代。同年 9 月又推出《教育制度檢討：教育改革建議——終身學習 自強不息》文件，諮詢公眾意見。

   2000 年 9 月，教統會發表對本地教育制度改革及未來教育發展的建議《香港教育制度改革——終身學習，全人發展》，提出以學生為主體，幫助每個人透過終身學習達致全人發展的理念。在基礎教育階段，確保每個人都達到基本水平，同時亦幫助具備超卓潛質的學生追求卓越。在高中及以後的階段，促進多元化、多途徑教育體系的發展，為學生提供更多學習的機會和選擇，讓他們可以按自己的性向和能力選擇合適的學習途徑和方式，促進終身學習社會體系的建立。其後，教育局轄下的課程發展處將這個目標變成更為具體的課程改革建議，並在 2001 年推出，即《學會學習—課程發展改革》建議。

2 當年教育制度改革的目標，是期望培育「樂於學習、善於溝通、勇於承擔、敢於創新」的學生。政府提出不少針對改革學制架構、課程，以及評核方法的建議，當中關於課程發展的重點包括：讓學生學會學習，以多元化教材授課，進行專題研習，同時推動閱讀風氣，及加強學生在資訊科技方面的運用，讓他們能夠得到全人發展、懂得終身學習。除了注重術科成績，學校也應為學生提供其他方面的學習經歷，像是體育和美育、德育及公民教育、社羣服務，以及與職業相關的經驗。而在評估學生的學習成效時，需要採取靈活的方式，減少量化，注重培養學生的態度和能力，減少他們在功課和成績方面的壓力。後來課程發展議會更提出以 10 年時間改革中小學課程，將現有學科整合為八大學習領域 (中文、英文、數學、人文、科學、科技、藝術、體育)，進一步推動全方位學習。

3 1988 年，教育統籌委員會提交《第三號報告書》，建議設立直接資助計劃，並在 1991 年正式實施，直資學校隨之出現。直資學校可自行訂定學費，在課程、教學、收生及人事安排上都更為靈活自主，教育局只作「最基本管制」。在 1998-2000 年教育改革諮詢期間，教育當局為了鼓勵辦學團體申辦直資學校，在 2001 年推出直資計劃的改善計劃，令直資學校在行政管理、人員聘任、課程安排、教學語言等方面享有更大空間，以體現教育改革提倡的多元化辦學理念，目標是「使本港的學校體制更趨多元化，讓家長有更多選擇。」截至 2020 年 9 月，全港共有 71 間直資學校，其中 50 間為中學，12 間小學，還有 9 間中學暨小學。

   2000 年，教育署發表《「一條龍」辦學模式具體安排》諮詢文件。「一條龍」辦學模式讓擁有相同教學理念、屬於同一資助模式類別的中學及小學得以「結龍」，中學將直接收取「結龍」小學的全部學生 (並保留部分學位予來自其他小學的學生入讀)，以加強課程的連貫性，減少學生在升中時的適應困難。

4 教育統籌委員會在 2000 年 9 月提出《終身學習 全人發展——香港教育制度改革建議》，提倡在課程以外發展生命教育，並指出：「德育在教育體系，以致整個社會的道德體系中，也有十分重要的使命。我們要讓每個學生在學習階段中也能夠在道德、感情、精神各方面接受有系統的學習，並有充分的經歷，以建立正確的人生觀和價值觀。」

   課程發展處的德育和公民教育組提出通過四個學習層次：認識生命、愛惜生命、尊重生命、探索生命，來進行德育和公民教育。2010 年，教育局撥款給 40 間中小學，推行「協助中小學規劃生命教育計劃」。同年的「行政長官卓越教學獎」也首次加入「德育及公民教育範疇」，嘉許在推行生命教育方面表現出色的學校。

5 課程發展議會在 1999 年公佈的《香港學校課程的整體檢視報告》中指出，「為配合學生及社會的需要，學校課程必須向學生提供終身學習的經歷，培養學生全人發展。」當中涉及五種基本的學習經歷，包括：智

能發展（學術方面的學習）、生活經驗（德育及性教育、人格形成）、與工作相關或職前培訓經驗（學校課程與就業的連繫、實習）、貢獻社會和服務社羣（公民教育）、體能及美育發展（消閒運動、體魄鍛煉、藝術活動）。這在其後形成了「全方位學習」的課程發展方向，強調學生要在真實情境中學習，獲得切身體驗，從而有效掌握課堂以外的學習目標。學生通過不同的學習機會培養潛能，包括德育及公民教育、智能發展、社會服務、體藝發展、與工作有關的經驗，以促進全人發展，培養終身學習的能力。

6 香港政府在 1998 年提出「第一個資訊科技教育策略」《與時並進　善用資訊科技學習五年策略 1998/99 至 2002/03》，提出發展關鍵是：接觸資訊科技及連接網絡、教師培訓及支援、課程及資源支援，以及促進整體社會文化。其後每五年推出新的「教育策略」，不斷協助學校發展資訊科技教學，及完善和支援有需要的學校和教師。2009 年，教育局發表「課本及電子學習資源發展專責小組報告」，提出「範式轉移」，即由以往以教師為中心的教學模式，轉移至在電子學習教育下，以學生為中心的學習模式。2013 年，教育局推出「電子學習支援計劃」（WiFi100），給予獲選的一百間公營學校一筆過撥款，資助它們提升或安裝資訊科技基礎設施、在校內設置無線網絡等，以便教師能在課堂上應用電子教學的方式授課。其後又在 2018 年提出「第四個資訊科技教育策略」時展開 WiFi900 計劃，為九百間學校提供相關支援。這些政策都促使各間學校開始以不同方式嘗試電子教學。

7 2015 年 11 月，課程發展議會提出《推動 STEM 教育—發揮創意潛能》概覽，其後於 2016 年訂定課程發展方向，在中小學推行 STEM 教育。政府分別於 2016、2017 年，向中小學發放一筆過津貼（小學十萬港元，中學二十萬港元），以支援學校發展 STEM 教育；2019 年提出撥款五億港元推行「中學 IT 創新實驗室計劃」，讓學校用以購買資訊科技設備或舉行創科活動；學校還可申請優質教育基金資助。

教育基金創會會員名錄

（以姓氏筆劃排序）

王錫章先生	Mr. Wong Sek Cheung
孔祥齡先生	Mr. Hung Cheung Ling
朱周肖馨女士	Mrs. Chu Chow Chiu Hing
朱裕倫先生	Mr. Chu Yu Lun, Stanley
朱麗英女士	Ms. Chu Lai Ying
李伍淑嫻女士	Mrs. Lee Ng Suk Han, Priscilla
李紹基先生	Mr. Li Siu Kei
李澤敏先生	Mr. Li Chak Man, Ringo
李鎮錦先生	Mr. Li Chun Kam, Philip
吳家慧女士	Ms. Ng Ka Wai, Cecilia
沈雪明教授	Prof. Shen Shir Ming
杜嘉敏先生	Mr. To Kar Man, Stanley
周立平女士	Ms. Chow Lup Ping, Irene
陳文浩先生	Mr. Chan Man Ho, Brian
陳允彤女士	Ms. Chan Wan Tung
陳永平先生	Mr. Chan Wing Ping
陳令由博士	Dr. Chan Ling Yau
陳求德醫生	Dr. Chan Kow Tak
陳梓芬先生	Mr. Chan Tze Fun
陳善美女士	Ms. Chan Sin Mei, Constance
陳淑玲女士	Ms. Chan Suk Ling, Margaret
陳鋈鋆先生	Mr. Chan Yuk Kwan
馬基乾先生	Mr. Ma Kee Kin, Victor
高泰芬女士	Ms. Ko Tai Fun, Jenna
張淑儀醫生	Dr. Cheung Suk Yee, Polly

梁慧婷女士	Ms. Leung Wai Ting, Cissy
梁錦松先生	Mr. Leung Kam Chung, Antony
麥慧嫻女士	Ms. Mak Wai Han
麥齊明先生	Mr. Mak Chai Ming
馮可強先生	Mr. Fung Ho Keung, Andrew
馮兩努先生	Mr. Fung Leung Lo, Ronald
馮紹波先生	Mr. Fung Siu Por, Lawrence
彭泓基先生	Mr. Pang Wang Kee, Lawrence
黃啟民先生	Mr. Wong Kai Man
黃李聞韶女士	Mrs. Wong Lee Man Shiu, Margaret
黃傳輝先生	Mr. Wong Chuen Fai
湯蕭麗珍女士	Mrs. Tong Siu Lai Chun, Teresa
楊佰成先生	Mr. Yeung Pak Sing
楊詔薇女士	Ms. Yeung Siu May
鄧思廣先生	Mr. Tang Sze Kwong
鄭自良先生	Mr. Cheng Chi Leung
蔡秀煜先生	Mr. Choi Sau Yuk
蔡素玉女士	Ms. Choy So Yuk
黎慧霞女士	Ms. Lai Wai Ha, Winnie
駱健華先生	Mr. Lok Kin Wah, Leo
盧巧兒女士	Ms. Lo Haw Yee, Karen
盧李愛蓮女士	Mrs. Lo Lee Oi Lin
羅霈良先生	Mr. Lo Pui Leung, Charles
譚家銓先生	Mr. Tam Kar Chuen

兩校歷任主席、校監及校長名錄

香港大學畢業同學會教育基金主席

姓名		服務年期
謝錦添博士	Dr. Tse Kam Tim, Kenneth	2020 -
李黃眉波女士	Mrs. Lee May-Bo, Mabel	2016 - 2019
盧李愛蓮女士	Mrs. Lo Lee Oi Lin	2012 - 2015
蔡秀煜先生	Mr. Choi Sau Yuk	2006 - 2011
楊佰成先生	Mr. Yeung Pak Sing	2000 - 2005

港大同學會小學校監

姓名		服務年期
羅鄧艷文博士	Dr. Lo Tang Yim Man, Brenda	1/9/2019 -
朱周肖馨女士	Mrs. Chu Chow Chiu Hing, Annie	19/1/2014 - 31/8/2019
林樊潔芳女士	Mrs. Lam Fan Kit Fong, Fanny	1/9/2009 - 18/1/2014
黃啟民先生	Mr. Wong Kai Man	19/1/2007 - 31/8/2009
陳淑玲女士	Ms. Chan Suk Ling, Margaret	2002 - 2006

港大同學會小學校長

姓名		服務年期
黃桂玲女士	Ms. Wong Kwai Ling, Christina	2009 -
任竹嬌女士	Ms. Yum Chuk Kiu, Jessie	2006 - 2009
陳梁淑貞女士	Mrs. Chan Leung Suk Ching, Gloria	2002 - 2006

港大同學會書院校監

姓名		服務年期
馮可強先生	Mr. Fung Ho Keung, Andrew	1/1/2022 -
林樊潔芳女士	Mrs. Lam Fan Kit Fong, Fanny	1/9/2016 - 31/12/2021
沈雪明教授	Prof. Shen Shir Ming	1/1/2014 - 31/8/2016
李黃眉波女士	Mrs. Lee May-Bo, Mabel	28/8/2008 - 31/12/2013
陳求德醫生	Dr. Chan Kow Tak	12/6/2006 - 27/8/2008

港大同學會書院校長

姓名		服務年期
陳馨女士	Ms. Chen Hing, Corina	1/9/2014 -
葉天有先生	Mr. Ip Tin Yau	1/9/2011 - 31/8/2014
陳錦偉先生	Mr. Chan Kam Wai, Dennis	1/9/2008 - 31/8/2011
陳鄭美珠女士	Mrs. Chan Cheng Mei Chu, Dorothy	1/8/2006 - 31/8/2008

歷任教育基金管理委員會成員及
兩校辦學團體校董和獨立校董總名錄

（以姓氏筆劃序）

文灼非先生	Mr. Man Cheuk Fei
文綺芬博士	Dr. Man Yee Fun, Evelyn
孔祥齡先生	Mr. Hung Cheung Ling
孔淑薇博士	Dr. Hung Suk Mei, Damaris
朱周肖馨女士	Mrs. Chu Chow Chiu Hing, Annie
朱裕倫先生	Mr. Chu Yu Lun, Stanley
李小雲女士	Ms. Lee, Julietta
李以慧博士	Dr. Lee Yee Wai, Eva
李伍淑嫻女士	Mrs. Lee Ng Suk Han, Priscilla
李美賢女士	Ms. Lee Mei Yin
李偉才博士	Dr. Lee Wai Choi, Eddy
李黃眉波女士	Mrs. Lee May Bo, Mabel
李嘉輝先生	Mr. Lee Kar Fai, Philip
李澤敏先生	Mr. Li Chak Man, Ringo
吳克儉先生	Mr. Ng Hak Kim, Eddie
吳國豪先生	Mr. Ng Kwok Ho, Victor
吳　瀚博士	Dr. Ng Hon, Victor
沈士基先生	Mr. Shum Si Ki
沈雪明教授	Prof. Shen Shir Ming
杜嘉敏先生	Mr. To Kar Man, Stanley
俞肇炎先生	Mr. Yu Siu Yim
周立平女士	Ms. Chow Lup Ping, Irene

周偉立博士	Dr. Chau Wai Lap, Albert
林樊潔芳女士	Mrs. Lam Fan Kit Fong, Fanny
金惠玲女士	Ms. Kam Wai Ling
洪小蓮女士	Ms. Hung Siu Lin, Katherine
郭國全先生	Mr. Kwok Kwok Chuen
徐永華先生	Mr. Chui Wing Wah
徐詠璇女士	Ms. Tsui Wing Suen, Bernadette
陳令由先生	Mr. Chan Ling Yau
陳永平先生	Mr. Chan Wing Ping
陳求德醫生	Dr. Chan Kow Tak
陳胡美好女士	Mrs. Chan Woo Mei Hou, Nancy
陳淑玲女士	Ms. Chan Suk Ling, Margaret
陳偉國先生	Mr. Chan Wai Kwok, Rico
陳善美女士	Ms. Chan Sin Mei, Constance
陳鎏鎏先生	Mr. Chan Yuk Kwan
陳龍生教授	Prof. Chang Lung Sang
陳鎮榮先生	Mr. Chan Chan Wing, Terence
陳麗雲教授	Prof. Chan Lai Wan, Cecilia
陸建平博士	Dr. Luk Kin Ping, Vincent
馬基乾先生	Mr. Ma Kee Kin, Victor
高廣恩先生	Mr. Ko Kwong Yan, Stephen
高羅建英女士	Mrs Law Kin Ying, Anita
許文超博士	Dr. Huey Man Chiu, Herbert
張允言先生	Mr. Cheung Wan Yin, Leo
張伯康先生	Mr. Cheung Pak Hong
張秉權博士	Dr. Cheung Ping Kuen
張國華教授	Prof. Cheung Kwok Wah

張淑儀醫生	Dr. Cheung Suk Yee, Polly
張華強博士	Dr. Cheung Wah Keung, Jacky
曹依琳女士	Ms. Ellen Tsao
區佩兒女士	Ms. Au Pui Yee, Teresa
區潔芳教授	Prof. Au Kit Fong, Terry
崔素珊女士	Ms. Tsuei So Shan, Susanna
梁安妮女士	Mrs. Liang Bentley, Annie
梁兆強先生	Mr. Leung Shiu Keung
梁健儀女士	Ms. Leung Kin Yi, Promail
梁家祐先生	Mr. Leung Ka Yau, Kevin
梁貫成教授	Prof. Leung Koon Shing
梁穎準先生	Mr. Leung Wing Jung, Philip
梁麗琴女士	Ms. Leung Lai Kum, Rhonda
莫雅慈博士	Dr. Mok Ah Chee, Ida
麥世澤先生	Mr. Mak Sai Chak
麥齊光先生	Mr. Mak Chai Kwong
麥齊明先生	Mr. Mak Chai Ming, William
許婉芳女士	Ms. Hui Yuen Fong, Angela
許耀賜先生	Mr. Hui Yiu Chi
馮可強先生	Mr. Fung Ho Keung ,Andrew
馮紹波先生	Mr. Fung Siu Por, Lawrence
彭泓基先生	Mr. Pang Wan Kee, Lawrence
喬偉鋒先生	Mr. Kiu Wai Fung, Keith
黃志光先生	Mr. Wong Chi Kwong
黃施露茜女士	Mrs. Wong Sze Lo Sai
黃展奭先生	Mr. Wong Chin Shak, Thomas
黃振權先生	Mr. Wong Chun Kuen, Sydney

黃啟民先生	Mr. Wong Kai Man
黃耀傑先生	Mr. Wong Yiu Kit, Ernest
鄒楊金鳳女士	Mrs. Chow Yeung Kam Fung
湯蕭麗珍女士	Mrs. Tong Siu Lai Chun, Teresa
曾廣海先生	Mr. Tsang Kwong Hoi, Patrick
鄧文彬教授	Prof. Tang Man Bun, Stephen
鄧偉強先生	Mr. Tang Wai Keung
楊佰成先生	Mr. Yeung Pak Sing
葉美好女士	Ms. Ip Mei Ho, Michelle
葉錦強先生	Mr. Yip Kam Keung
趙鳳儀女士	Ms. Chiu Fung Yee, Winnie
蔡秀煜先生	Mr. Choi Sau Yuk
蔡張杭仙太平紳士	Mrs. Judy Chua, JP
潘忠誠先生	Mr. Poon Chung Shing, Andrew
潘桂玲博士	Dr. Pon Kwai Ling, Alicia
潘國城博士	Dr. Pun Kwok Shing, Peter
潘燦國先生	Mr. Poon Chan Kwok
黎國燦博士	Dr. Lai Kwok Chan
盧巧兒女士	Ms. Lo Haw Yee, Karen
盧李愛蓮女士	Mrs. Lo Lee Oi Lin
盧健翀先生	Mr. Lo Kin Chung
霍偉棟博士	Dr. Fok Wai Tung, Wilton
鮑慧兒女士	Ms. Pau Wai Yee, Vivien
戴希立先生	Mr. Tai Kay Lap
戴健文先生	Mr. Tai Keen Man
簡嘉翰先生	Mr. Kan Ka Hon, Norman
鍾維國先生	Mr. Chung Wai Kwok, Jimmy

謝炳權先生   Mr. Tse Ping Kuen, Alex

謝錦添博士   Dr. Tse Kam Tim, Kenneth

謝錫金教授   Prof. Tse Shek Kam

羅陸慧英教授   Prof. Law Luk Wai Ying, Nancy

羅鄧艷文博士   Dr. Lo Tang Yim Man, Brenda

羅霈良先生   Mr. Lo Pui Leung, Charles

羅蕙芬女士   Ms. Law Wai Fun, Margaret